COMO OBSERVAR A MORAL E OS COSTUMES

Dados Internacionais de Catalogação na Publicação (CIP)
(Câmara Brasileira do Livro, SP, Brasil)

Martineau, Harriet, 1802-1876
   Como observar a moral e os costumes / Harriet Martineau ; tradução de Beatriz Silveira Castro Filgueiras. – Petrópolis, RJ : Vozes, 2024.

   Título original: How to observe. Morals and maners
   ISBN 978-85-326-6988-9

   1. Ciências sociais 2. Metodologia 3. Moral 4. Pesquisa I. Título.

24-216225   CDD-121

Índices para catálogo sistemático:
1. Ciências sociais : Metodologia   121

Eliane de Freitas Leite – Bibliotecária – CRB-8/8415

HARRIET MARTINEAU

COMO OBSERVAR A MORAL E OS COSTUMES

Tradução de
Beatriz Silveira Castro Filgueiras

EDITORA VOZES

Petrópolis

Tradução do original em inglês intitulado *How to Observe. Morals and Manners.*

© desta tradução:
2024, Editora Vozes Ltda.
Rua Frei Luís, 100
25689-900 Petrópolis, RJ
www.vozes.com.br
Brasil

Todos os direitos reservados. Nenhuma parte desta obra poderá ser reproduzida ou transmitida por qualquer forma e/ou quaisquer meios (eletrônico ou mecânico, incluindo fotocópia e gravação) ou arquivada em qualquer sistema ou banco de dados sem permissão escrita da editora.

CONSELHO EDITORIAL

Diretor
Volney J. Berkenbrock

Editores
Aline dos Santos Carneiro
Edrian Josué Pasini
Marilac Loraine Oleniki
Welder Lancieri Marchini

Conselheiros
Elói Dionísio Piva
Francisco Morás
Gilberto Gonçalves Garcia
Ludovico Garmus
Teobaldo Heidemann

Secretário executivo
Leonardo A.R.T. dos Santos

PRODUÇÃO EDITORIAL

Aline L.R. de Barros
Marcelo Telles
Mirela de Oliveira
Otaviano M. Cunha
Rafael de Oliveira
Samuel Rezende
Vanessa Luz
Verônica M. Guedes

Conselho de projetos editoriais
Luísa Ramos M. Lorenzi
Natália França
Priscilla A.F. Alves

Diagramação: Editora Vozes
Revisão gráfica: Fernando Sergio Olivetti da Rocha
Capa: Larissa Sugahara

ISBN 978-85-326-6988-9

Este livro foi composto e impresso pela Editora Vozes Ltda.

Sumário

Introdução 9
Formação 10
Carreira 11
Contexto 13
Influências 14
A obra 17
Desdobramentos. 21
Referências 23
Nota da tradução. 25
Aviso 27

Parte I – Requisitos para a observação, 29

Introdução. 31

Capítulo I – Requisitos filosóficos 41
    Seção I 42
    Seção II. 44
    Seção III. 50
    Seção IV. 56

Capítulo II – Requisitos morais 69

Capítulo III – Requisitos mecânicos 79

Parte II – O que observar, 89

Capítulo I – Religião 99
   Igrejas. 110
   Clero. 114
   Superstições. 119
   Suicídio 123

Capítulo II – Noções gerais de moral 131
   Epitáfios. 135
   Amor pela família e lugar de nascimento. 140
   Conversas com idosos e crianças. 142
   Natureza do orgulho predominante 143
   Natureza dos ídolos populares 147
   Épocas da sociedade. 151
   Tratamento aos condenados. 152
   Testemunho de criminosos. 157
   Canções populares 160
   Literatura e filosofia. 165

Capítulo III – Estado doméstico 171
   Solo e características do país. 171
   Mercados. 180
   Classe agrícola. 181
   Classe industrial 183
   Classe comercial 184
   Saúde 186
   Casamento e mulheres. 192
   Crianças. 205

Capítulo IV – Ideia de liberdade 207
   Polícia. 209
   Legislação 212
   Classes sociais. 213
   Criadagem. 215
   Imitação da metrópole. 219
   Jornais 220
   Educação 221
   Objetos e formas de repressão 226

Capítulo V – Progresso 229

    Condições do progresso 232

    Caridade 235

    Artes e invenções 239

    Multiplicidade de objetos 241

Capítulo VI – Discurso 243

Parte III – Métodos mecânicos, 253

Introdução

Verônica Toste Daflon
Luna Ribeiro Campos

Harriet Martineau (1802-1876) foi uma pesquisadora e teórica social pioneira que publicou *Como observar a moral e os costumes* (1838) há quase dois séculos. Ela integrava redes e organizações que produziam livros científicos de baixo custo para estudantes, autodidatas e trabalhadores ingleses. Por isso, sua escrita era direta, sem excessos de linguagem, redundâncias ou termos complicados. Como resultado, seu tratado de sociologia ainda é uma leitura prazerosa e acessível para novos leitores.

Como observar... é como um filme clássico que, ao revolucionar o cinema, teve suas inovações incorporadas pelos filmes posteriores[i]. Publicada em 1838, a obra antecedeu em quase seis décadas *As regras do método sociológico*, de Émile Durkheim, e divide com ela alguns movimentos essenciais: a delimitação da sociedade como objeto de uma ciência específica e a formulação de um método para estudá-la.

---

i. Embora suas contribuições à sociologia tenham sido subestimadas ou apagadas, o exame das raízes intelectuais e das teorias de expoentes da sociologia que a sucederam revelam a sua presença. Ela foi lida não só por autores como Auguste Comte, Herbert Spencer, Émile Durkheim, Karl Marx, Thorstein Veblen, Karl Polanyi, como também por sociólogas como Beatrice Potter Webb, Charlotte Perkins Gilman, Alice Clark, Edith Abbott e Annie Besant (Hoecker-Drysdale, 2003).

Felizmente, Martineau não propôs apenas um método de pesquisa que desperta uma sensação de familiaridade. *Como observar...* traz novos vocabulários, precedentes, ideias, modelos interpretativos e linguagens que podem ampliar os horizontes da sociologia – especialmente por focarem o que hoje chamamos de relações raciais e de gênero.

Como se diz de outras obras clássicas, *Como observar...* é um livro que ainda tem muito a dizer. Por isso, nessa apresentação, vamos esboçar um retrato intelectual resumido da autora para facilitar o acesso ao seu trabalho. Falaremos de sua formação e carreira e sobre como construiu uma abordagem científica da sociedade. Em seguida, contextualizaremos a produção do livro e apresentaremos seus argumentos principais. Finalizamos o texto descrevendo sua recepção na época e sua recente incorporação à sociologia do século XXI.

Formação

Nascida em Norwich, Inglaterra, em 1802, Martineau tinha uma mente curiosa e viveu em um ambiente intelectual estimulante. Sua família pertencia à Comunidade Unitarista, grupo de cristãos dissidentes que possuíam discordâncias doutrinárias em relação à Igreja britânica, admiravam a ciência e apoiavam a educação de mulheres e trabalhadores. Essas posições eram vistas como perigosas e radicais pela Igreja e pelos principais partidos políticos. Como resultado, os unitaristas sofriam atentados, perseguições e supressão de direitos, como votar ou frequentar a universidade (Timmons, 1996).

A jovem Martineau recebeu alguma instrução formal, fornecida pela rede Unitarista, mas sua formação foi quase toda autodidata. Por anos, ela dividiu o trabalho de costura com o estudo do latim, grego, francês, alemão, dos clássicos gregos, da matemática e da retórica. Durante a adolescência, ela viveu momentos de angústia e de introspecção, provocados por um processo de perda parcial de audição não diagnosticado. Longos períodos de reclusão e dúvidas filosóficas levaram-na a ler a filosofia moral de John Locke, David Hartley e Joseph Priestley e iluministas escoceses como Dugal Stewart (Martineau, 2006).

Após uma série de atribulações financeiras, pessoais e de saúde, Martineau (2006) estreou aos 19 anos como escritora na revista unitarista *Monthly Repository*. O artigo teve uma recepção positiva e, nos anos seguintes, ela escreveu contos, poemas, artigos, resenhas, até se tornar editora da revista, ganhando um modesto salário. Apesar da falta de interlocutores fora de sua comunidade, seu interesse se deslocou da teologia para a filosofia, literatura, ciência e, finalmente, para a economia política.

Carreira

O início do século XIX na Inglaterra foi marcado por mudanças econômicas que afetaram a conformação das cidades, famílias, trabalho e fluxos migratórios. Uma epidemia de cólera se alastrou pela Europa em 1832 e as preocupações com saúde, crime e pobreza impulsionaram ondas de reformas (Porter, 2003). O ambiente escolar e científico era fragmentado e frágil, sob ataque frequente da ortodoxia religiosa. Diferentes grupos enxergavam a educação das massas como uma trincheira para agendas conservadoras, radicais, liberais ou religiosas (Timmons, 1996).

Nesse contexto, emergiram diversas organizações de difusão do conhecimento. Para além dos aristocratas da Royal Society, que cultivavam uma ciência para as elites, surgia uma grande variedade de espaços, iniciativas, sociedades e periódicos ligados à ciência. As próprias definições de ciência eram variáveis, fluidas e até voláteis, pois não havia uma comunidade com autoridade para regular o trabalho científico (Winter, 1997).

Formou-se, assim, um mercado para popularizadores da ciência, que apresentavam fatos científicos na forma de histórias, parábolas e lições. Ciente da oportunidade, Martineau (2006) bateu de porta em porta nas editoras oferecendo um projeto editorial original: uma série de livros que difundiriam lições científicas e teorias econômicas entre as pessoas comuns. Ela desejava difundir o conjunto de leis econômicas desenvolvidas por autores como Adam Smith, Thomas Malthus, David Ricardo, James Mill e outros. Depois de muitas recusas, o projeto finalmente foi aprovado.

Nos 25 volumes de *Ilustrações de economia política*, publicados de 1832 a 1834, Martineau virou de ponta-cabeça um dos gêneros literários favoritos das classes trabalhadoras: os famosos livretos de lições religiosas e morais (Peterson, 2006). Martineau escreveu contos de ficção que conectavam o cotidiano e as vidas individuais às forças econômicas e políticas mais amplas. As obras atingiram a surpreendente venda de 10 mil cópias mensais e garantiram sua independência financeira.

O sucesso editorial rendeu outras oportunidades e alargou a rede de interlocutores da autora. Martineau (2006) passou a ser abordada por lordes e grupos políticos, que queriam que ela explicasse suas propostas de lei e políticas públicas para o povo. Ao mudar-se para Londres, ela passou a receber visitas diárias de pessoas célebres, como Charles Darwin, Florence Nightingale, Herbert Spencer, Thomas Malthus, George Eliot, Harriet Taylor Mill, John Stuart Mill, Charles Dickens e Charlotte Brontë. *Como observar a moral e os costumes* foi um subproduto do seu projeto seguinte: uma viagem à América.

Contexto

Entre os séculos XVIII e XIX, intelectuais como François-René de Chateaubriand e Alexis de Tocqueville viajaram aos Estados Unidos para conhecer as instituições republicanas daquele jovem país, que despertavam curiosidade na Europa. A literatura de viagem era um meio popular e lucrativo de explorar sociedades estrangeiras. Contudo, Martineau se destacou de outros viajantes por fazer da sua viagem uma investigação científica.

O século XIX testemunhou a ascensão dos especialistas e um gradual fechamento das fronteiras da ciência ao público. Contudo, a década de 1830 ainda era povoada de praticantes amadores da ciência. Isso se refletia na crença de que a lógica da descoberta era aberta a todos – e não um domínio exclusivo dos especialistas. Por isso, muitos buscavam tornar a prática científica acessível às pessoas comuns (Topham, 2000; Winter, 2008).

Nesse espírito, Charles Knight, editor da *Society for the Diffusion of Useful Knowledge*, pediu a Martineau que escrevesse um capítulo para um futuro livro intitulado *Como observar*. O volume teria contribuições de vários autores, transmitindo a estudantes e viajantes os conhecimentos científicos necessários para produzirem observações de valor sobre tópicos como geologia, história natural, agricultura, artes, estatísticas etc. (H.B.K, 1835). Martineau (2006) ficou encarregada do capítulo sobre a observação da "moral e dos costumes".

Como estava de partida para os Estados Unidos, Martineau (2006) teve que escrever o capítulo a bordo do navio. Mesmo confinada e com a "mente embotada", ela terminou o texto. Em 1836, já de volta à Inglaterra, ela retomou o trabalho no manuscrito. Charles Knight desistiu da ideia de um volume único e pediu que ela escrevesse um livro, a ser publicado como parte de uma coleção.

Se durante a travessia pelo Atlântico ela formalizou princípios e regras para uma pesquisa sociológica, nos Estados Unidos ela teve a oportunidade de colocá-los à prova. Nascia, assim, *Como observar a moral e os costumes*.

Influências

A ideia de ciência social de Martineau se desenvolveu gradualmente. Em *Ensaios sobre a arte de pensar* (1829), ela afirmou que as aplicações do empiricismo não deveriam se limitar ao estudo da natureza, mas também se estender ao cotidiano – deixando de lado as "imaginações metafísicas vagas" em favor do que poderia ser conhecido pela observação (Martineau, 2018). Em *Teologia, política e literatura* (1832), ela propôs a indução e a analogia como métodos da "ciência da moral" ou "estudo do homem[ii]". Martineau (2016) lamentou que essa ciência estivesse tão atrasada e que os jornais só oferecessem uma acumulação obscura de fatos.

A base epistemológica de Martineau era o empiricismo, perspectiva dominante na Grã-Bretanha naquele momento. Enquanto o racionalismo cartesiano, mais popular na Europa continental, apregoava noções de ideias inatas e métodos baseados na lógica e na dedução, para o empiricismo o conhecimento derivava sobretudo

---

ii. Referências a uma "ciência do homem" e a uma "ciência da moral" apareceram na Europa no final do século XVIII. Fronteiras, temas, abordagens eram fluidos, mas amadurecia a ideia de tomar a "sociedade" como um objeto de estudo próprio e diferente, por exemplo, do Estado (Porter, 2003). Em "Como Observar...", Martineau refere-se à "ciência da moral" e "da sociedade" como sinônimos, tomando a sociedade como assunto de uma ciência específica, separada das outras e com suas próprias formas de observação e explicação. Se não nos preocuparmos com anacronismo histórico, podemos afirmar que propostas de investigação social não foram prerrogativa exclusiva de autores europeus. Um dos casos mais citados é o do tunisiano Ibn Khaldun (1332- 1406), autor da ambiciosa obra de história universal "Al-Muqaddimah".

das experiências sensoriais (Porter, 2003[iii]). Como consequência, Martineau (2023) defendeu uma ciência social baseada na observação de fatos, possibilitando o desenvolvimento de teorias por meio de inferências[iv].

Martineau também se inspirou nas teorias da natureza humana de John Locke, David Hartley e Joseph Priestley, para quem a mente era uma tela em branco, moldada pelas experiências e sensações. Segundo eles, os indivíduos não tinham qualidades inatas, não eram "bons" ou "maus", mas formados por influências e educação (Porter, 2003). Em sua obra, Martineau expressou essas ideias de forma claramente oposta aos essencialismos raciais ou sexuais da sua época.

Naquele momento já circulavam classificações de tipos humanos produzidas por naturalistas como Johann Friedrich Blumenbach e associações entre aparências e qualidades físicas e mentais dos indivíduos. Porém, ideias sobre raça e evolução ainda não estavam plenamente estabelecidas. Na segunda metade do século XIX, os vitorianos ficariam obcecados pela ilusão das "raças", desenvolvendo uma série de credos incoerentes como a craniologia, a eugenia e o conjunto de ideologias conhecidas como "darwinismo social" (Porter, 2003).

---

iii. Ao longo do tempo, o método de Francis Bacon foi muito distorcido e caricaturizado, como se ele tivesse pregado a reunião de observações aleatórias previamente à formulação de teorias. Essa é uma interpretação equivocada. Para Bacon, as observações deveriam ser obtidas e reunidas partindo de uma teoria que especifica quais observações são relevantes para corroborá-la ou refutá-la (Grayling, 2016).

iv. As interpretações das premissas empiricistas variavam. Para alguns, se o conhecimento vinha das impressões do mundo, então o método indutivo era um caminho seguro para a verdade, pois era fundado na observação e na experimentação. Para outros, nem a razão nem as observações eram totalmente confiáveis e, assim, o conhecimento era sempre incerto e probabilístico. Martineau se alinhava à primeira posição, mas sua epistemologia reflexiva levou-a a uma visão equilibrada da relação entre ciência e verdade.

Martineau recebeu inúmeras visitas de George Combe, porta-voz do movimento frenológico decidido a persuadi-la de que o formato do crânio revelava qualidades mentais e morais das pessoas. Porém, ela não se convenceu, concordando com a elite científica da época, que encarava a frenologia como pseudociência (Winter, 2008). Em 1841, ela publicou o romance *The Hour and the Man*, inspirado na vida de Toussant L'Overture, líder da Revolução do Haiti. Martineau retratou-o como um herói, um exemplo do potencial moral e intelectual dos negros que era destruído e desperdiçado pela escravidão (Belasco, 2000[v]).

Confrontada com questões de diferença e a alteridade, Martineau encontrou em Adam Smith um estoque de ideias para sua proposta de ciência social. Em *Teoria dos sentimentos morais* (1759), Smith recusou a ideia de que os princípios morais eram universais, absolutos e imutáveis: segundo ele, a moral variava e surgia da adaptação dos seres humanos às diferentes circunstâncias que encontravam. Para entender o outro era necessário um exercício de imaginação empático: imaginar-se na sua situação e compartilhar dos seus sentimentos (Vetter, 2008).

Segundo Martineau (2023), todos os seres humanos ansiavam pela felicidade, mas podiam defini-la e buscá-la de maneiras diferentes. Por isso, as práticas de uma sociedade deveriam ser avaliadas conforme seu papel na promoção da felicidade dos membros daquela sociedade particular – e não de acordo com um padrão externo arbitrário. Para acessar a moral de outro povo, no entan-

---

v. Martineau acreditava em alguns estereótipos, como a suposta vocação dos negros para a música ou despreparo físico para o frio (Belasco, 2000), mas não abraçou as teorias racialistas que se disseminaram pela Inglaterra nas décadas seguintes. Esse fato gerou revolta no famoso escritor Thomas Carlyle (1887), que em suas memórias chamou-a de "fanática", "hipócrita", entre outras ofensas.

to, não bastava uma empatia especulativa, uma troca de lugares na imaginação, como propusera Adam Smith. Era preciso uma interação real, um envolvimento direto entre o observador e o observado (Vetter, 2008).

Acessar a moral e os costumes de outro povo exigia um jogo entre empatia, diálogo, observação e análise de fatos objetivos. Demandava também um autoexame contínuo do observador, dos seus próprios sentimentos, na forma de preparo intelectual e manutenção de um diário. Em *Como observar a moral e os costumes*, Martineau, em resumo, construiu novo método científico, que combinou a observação empírica com o exercício empático.

Max Weber afirmou que os sociólogos deveriam buscar a objetividade e evitar os juízos de valor, mesmo sabendo que isso é impossível de alcançar plenamente. Da mesma forma, a empatia e a suspensão do julgamento moral propostos por Martineau também são ideais. Em *Como observar a moral e os costumes*, a autora não está livre de alguns dos preconceitos típicos da sua época. No entanto, é ilusório imaginar que nós, no presente, podemos escapar plenamente dos nossos próprios preconceitos e vieses. Podemos, no máximo, como Martineau, ficar vigilantes, atentos e humildes diante do que não compreendemos.

Harriet Martineau às vezes é descrita como "discípula" de Auguste Comte. Essa confusão acontece porque em 1852 ela resumiu e traduziu para o inglês o *Curso de Filosofia Positiva* do autor. No entanto, na época em que publicou suas principais obras, ela não havia lido seus textos. Embora tivesse uma vaga noção dos seus esforços, ela tampouco utilizava os termos "sociologia" ou "positivismo", cunhados por ele (Martineau, 2006; 2023).

A proposta de sociologia de Martineau dificilmente pode ser confundida com a de Comte. O autor produziu uma "sociologia da unidade", pois acreditava em um só modelo válido de sociedade e tomava a história da Europa como história de toda a humanidade (Aron, 1990). Martineau, por sua vez, fez uma sociologia da diversidade, atenta às variações da experiência humana. O olhar empático e a suspensão do julgamento sobre o outro não eram inteiramente novos, tendo antecedentes em Bartolomé de las Casas, Michel de Montaigne, Adam Smith e outros. Porém, esses princípios não haviam sido até então transformados em método científico de investigação social.

A obra

Como observar a moral e os costumes está organizado em três partes que, juntas, formam um guia para conduzir a pesquisa desde seus passos iniciais até o trabalho de campo, a coleta e a interpretação dos dados. Entre as sugestões, a postura empática do observador na relação com o observado ocupa um lugar central. Diferentemente de outras ciências, o estudioso da moral precisa encontrar o caminho até "o coração e a mente das pessoas", e por isso a empatia com o outro deve ser "irrestrita e sem reservas".

A primeira parte do livro, "Requisitos para a observação", contém reflexões que diferenciam a ciência da moral do senso comum, das ciências naturais e da filosofia. Martineau adverte contra o julgamento precipitado, as generalizações impróprias, o pensamento anedótico e o preconceito nacional. Ela afirma que o viajante deve evitar conclusões precipitadas e procurar diversificar seu rol de informantes e meios de informação. O moralista ou o sectário nada aprenderá no contato com outro povo, afirma ela, pois ele será incapaz de acessar as condições, motivos e emoções dos outros seres humanos.

A autora avisa que o viajante encontrará formas morais e costumes tão diversos quanto a vastidão do mundo. Porém, em todo lugar verá o mesmo fio que une a experiência humana: a existência de homens, mulheres e crianças, a necessidade de subsistência, os acordos sobre a vida em comum, os fatos do nascimento e morte, os "métodos de casamento", os "afetos domésticos" e a busca pela felicidade. Confrontado com a variedade de arranjos desses elementos, o viajante não deve ficar perturbado ou repelido, pois isso irá nublar seu julgamento e afetará a relação com os observados.

Na segunda e mais extensa parte do livro, "O que observar", Martineau constrói uma moldura macrossociológica para o estudo das sociedades. Em um trecho conhecido de *Como observar...*, a autora afirma: "O grande segredo da investigação sensata acerca da moral e dos costumes é começar com o estudo das COISAS, e usar o DISCURSO DAS PESSOAS como comentário sobre elas" (grifos originais). Em termos atuais, em vez de confiar nos discursos, é preciso primeiro objetivar as práticas.

Isto significa olhar para as instituições como o Estado, mercado, escolas, prisões e para registros como artefatos físicos, registros civis ou as lápides em um cemitério. Encontros sociais, religiosos e políticos também oferecem condições favoráveis à observação, inclusive por permitir constatar a presença ou ausência das mulheres.

Se para acessar a moral é preciso olhar para as "coisas" anteriormente aos discursos, também pode ser útil verificar como a sociedade trata os culpados, pois o tipo de punição pode ser indicativo da moral prevalecente. Da mesma forma, o suicídio pode dar indicações sobre os sentimentos morais, conforme prevaleçam o suicídio devotado aos outros, por honra, como forma de fuga a uma situação degradante etc.

Ao pesquisar uma sociedade é também preciso considerá-la em sua totalidade, considerando aspectos como as condições climáticas e geográficas, o Estado, a economia, as ocupações, as formas de propriedade e estratificação social, a família e a religião. Martineau dedica uma seção inteira do livro à "ideia de liberdade", apontando ao pesquisador estratégias para acessá-la. O apreço de uma sociedade pela liberdade pode ser buscado na atuação da polícia, na existência da escravidão, na estratificação social, no tratamento dispensado aos criminosos, trabalhadores domésticos e crianças.

Salta aos olhos em *Como observar...* a atenção dedicada às mulheres, às gerações e à família, tratadas transversalmente ao longo de todo o livro. Isso acontece porque Martineau entende que o domínio moral, pessoal, doméstico e político são "inseparáveis na prática". Sendo assim, ela recomenda o exame das formas de parentesco e o apego à família, e frisa a importância de falar com idosos, mulheres e crianças para conhecer a vida íntima dos pesquisados.

A autora afirma que ser uma mulher pesquisadora tem muitas vantagens, como, por exemplo, a facilidade de acessar os espaços domésticos e a "vida interior" de uma casa. No tópico "estado doméstico", ela afirma que os "métodos de casamento" existem em toda parte e devem ser estudados pelo observador da moral, pois por meio deles é possível atestar o grau de degradação da mulher e verificar o estado da moral doméstica em qualquer país.

Na parte final do livro, intitulada "Métodos mecânicos", Martineau fornece algumas ferramentas e estratégias de pesquisa. O viajante deve elaborar uma lista de perguntas sobre fatos relacionados com a condição daquele povo, que deve ser organizada e estar acessível a todo momento. Essa lista, no entanto, não deve ser encarada como um formulário fechado a ser respondido. Pelo contrário, o viajante que toma notas no meio da conversa e não age de forma empática recebe informações imperfeitas e restritas.

É fundamental, ela afirma, manter um diário pessoal, para registrar reações e sentimentos, e um caderno para anotar impressões, incidentes, histórias e acontecimentos do dia a dia. O viajante deve voltar para casa e revisar todo esse material antes de tirar qualquer conclusão. Só assim ele poderá refletir sobre o que descobriu, como se sentiu, onde errou e, por fim, meditar sobre como suas impressões iniciais mudaram conforme ele adquiria mais conhecimento sobre a sociedade estudada.

Desdobramentos

Além da publicação de *Como observar...*, a viagem à América rendeu outros livros, como os três volumes de *Sociedade na América* (1837), que consagraram Martineau como crítica, jornalista e romancista. O sucesso eclipsou *Como observar a moral e os costumes* que, diferente de seus outros livros, não foi reimpresso por mais de 150 anos (Hoecker-Drysdale, 2003). Nas resenhas na imprensa, a obra foi objeto de disputas políticas e ideológicas, motivadas especialmente pela sua análise da condição feminina.

Porém, mesmo as resenhas favoráveis questionaram o nível de rigor que a autora exigia dos viajantes. O ponto central era que Martineau queria criar uma ciência social e não só aprimorar uma "arte da observação" diletante. Esse projeto, porém, ainda não tinha legitimidade pública e institucional na época (Campos; Daflon, 2023). Felizmente, o esquecimento de *Como observar...* não impediu que algumas das ideias contidas nele se difundissem, pois outras obras, incluindo *Sociedade na América*, estão impregnadas com sua proposta teórica e metodológica.

A celebridade de Martineau em vida não evitou que ela caísse no esquecimento durante o século XX. Somente a partir da década de 1960 começou um processo descontínuo de referência a ela no campo disciplinar da sociologia. Em 1962, Seymour Lipset publicou uma versão condensada de *Society in America*, acompanhada de uma introdução em que ele a reconhecia como uma precursora da sociologia compreensiva, comparável a Max Weber.

Nos anos de 1980, Martineau ganhou estima dos movimentos de mulheres, que a incluíram em coletâneas sobre intelectuais protofeministas. Porém, foi só nos anos de 1990 que um grupo dedicado de cientistas sociais – como Susan Hoecker-Drysdale, Mary Jo Deegan, Lynn McDonald, Patricia Madoo Lengermann, Jill Niebrugge-Brantley, Michael Hill e outros – passa a tratá-la inequivocamente como socióloga e se empenha pelo reconhecimento da autora como "clássica".

Desde então, Martineau vem recebendo mais destaque e reconhecimento no mundo anglófono por suas contribuições à sociologia, que são objeto de diversas publicações, coletâneas, livros didáticos e cursos universitários. Atualmente, esse movimento finalmente alcança a América Latina. Sua obra e seu contexto histórico nos fornecem uma perspectiva mais crítica sobre a história da sociologia, questionando o mito tradicional de que ela teria sido criada por gênios isolados como Karl Marx, Émile Durkheim e Max Weber.

A sensibilidade da autora para a diversidade, o gênero e as relações étnico-raciais permite também dialogar com os clássicos a partir de olhares alternativos, enriquecendo a teoria sociológica. A incorporação de Harriet Martineau é uma aposta na "polifonia" de um novo cânone (Hamlin; Weiss; Brito, 2023), ou seja, a construção de uma sociologia clássica mais abrangente e plural, que dinamiza e faz a disciplina progredir. É em boa hora, portanto, que a Editora Vozes publica *Como observar a moral e os costumes* no Brasil.

Referências

ARON, R. *As etapas do pensamento sociológico*. São Paulo: Martins Fontes, 1990.

BELASCO, S. Harriet Martineau's Black Hero and the American Antislavery Movement. *Nineteenth-Century Literature*, v. 55, n. 2, p. 157-194, 1º set. 2000.

CAMPOS, L. R.; DAFLON, V. T. Harriet Martineau: circulação e influência no debate público na primeira metade do século XIX. *Sociologias*, v. 24, p. 86-115, 20 fev. 2023.

CARLYLE, T. *Reminiscences*. Londres/Nova York: Macmillan and Company, 1887.

GRAYLING, A. C. *The Age of Genius: The Seventeenth Century and the Birth of the Modern Mind*. Londres: Bloomsbury Publishing USA, 2016.

HAMLIN, C. L.; WEISS, R. A.; BRITO, S. M. Por uma sociologia polifônica: introduzindo vozes femininas no cânone sociológico. *Sociologias*, v. 24, p. 26-59, 20 fev. 2023.

HOECKER-DRYSDALE, S. Harriet Martineau. In: *The Blackwell Companion to Major Classical Social Theorists*. Melbourne/Berlim: Blackwell, 2003. p. 41-68.

H.B.K. "Advertisement". In: BECHE, H. T. D. L. *How to Observe: Geology*. Londres: Charles Knight, 1835.

MARTINEAU, H. *Autobiography* [s.l.]. Broadview Press, 2006.

MARTINEAU, H. *Miscellanies, Volume 1* [s.l.]. Creative Media Partners, LLC, 2016.

MARTINEAU, H. "Essays on the art of thinking". *The Monthly Repository and Review of Theology and General Literature*, vol. 3: January to December, 1829 (Classic Reprint). Londres: Fb&c Limited, 2018.

MARTINEAU, H. *Como observar morais e costumes*. Petrópolis: Vozes, 2023.

PETERSON, L. H. From French Revolution to English Reform: Hannah More, Harriet Martineau, and the "Little Book". *Nineteenth-Century Literature*, v. 60, n. 4, p. 409-450, 2006.

PORTER, T. "Genres and Objects of Social Inquiry, from the Enlightenment to 1890". LINDBERG, D. C. et al. *The Cambridge History of Science: Volume 7, The Modern Social Sciences*. [s.l.]. Cambridge University Press, 2003, p. 13-39.

TIMMONS, G. Science and education in the first half of the nineteenth century. *Endeavour*, v. 20, n. 4, p. 140-143, 1º jan. 1996.

TOPHAM, J. R. Scientific Publishing and the Reading of Science in Nineteenth-Century Britain: A Historiographical Survey and Guide to Sources. *Studies in History and Philosophy of Science Part A*, v. 31, n. 4, p. 559-612, 2000.

VETTER, L. P. Harriet Martineau on the Theory and Practice of Democracy in America. *Political Theory*, v. 36, n. 3, p. 424-455, 1º jun. 2008.

WINTER, A. "The Construction of Orthodoxies and Heterodoxies in the Early Victorian Life Sciences". In: LIGHTMAN, B. *Victorian Science in Context*. Chicago: University of Chicago Press, 2008, p. 24-50.

Nota da tradução

Publicado originalmente em 1838, *Como observar a moral e os costumes* deve ser lido como um texto histórico. Muitas das referências e escolhas da autora são datadas e consideradas, hoje em dia, ultrapassadas.

Embora algumas questões de estilo certamente se perderam na tradução, dada a incapacidade de reproduzir por completo a linguagem da época, outros elementos foram mantidos de forma deliberada. Destaca-se o uso do sujeito genérico sempre no masculino e os diferentes usos do termo raça. Em ambos os casos, considerou-se que seria uma intervenção indevida alterá-los.

Notas de rodapé foram incluídas para esclarecer a escolha de alguns termos e algumas das referências citadas sempre que a informação adicional agregasse sentido à leitura do texto.

*Hélas! où donc chercher, où trouver
le bonheur? Nulle part tout entier,
partout avec mesure.*

Voltaire

*Ao abrir o meu diário e mergulhar
minha pena em meu tinteiro, decidi,
na medida do possível, justificar a mim
mesmo e a meus compatriotas por
vagar pela face da terra.*

Rogers

Aviso

"A melhor forma de estimular o amor pela observação é ensinando 'Como observar'. Nesse sentido, a intenção original era produzir, em um ou dois volumes, uma série de dicas para viajantes e estudantes, chamando a atenção para os pontos fundamentais à investigação ou observação nos diversos ramos da Geologia, História Natural, Agricultura, Belas-Artes, Estatísticas Gerais e Costumes Sociais. No entanto, decidiu-se estender um pouco o plano inicial e separar as grandes divisões do campo da observação, de modo que aqueles cujas preferências os levaram a um ramo particular de investigação não fossem sobrecarregados com outras partes nas quais eles não têm o mesmo interesse."

A citação anterior consta no aviso que acompanha o primeiro volume desta série – *Geologia*, do Sr. De la Beche, publicado em 1835. Assim, o segundo volume da série dá continuidade ao plano anunciado acima.

PARTE I
REQUISITOS PARA A OBSERVAÇÃO

Introdução

Inest sua gratia parvis.
Les petites choses n'ont de
valeur que de la part de ceux qui
peuvent s'élever aux grandes.
De Jouy

Em nenhuma outra área de investigação é tão fácil deixar escapar a verdade quanto encontrá-la, mesmo quando os materiais dos quais a verdade deve ser extraída se apresentem claramente aos nossos sentidos. Uma criança não apanha um peixe dourado na água na primeira tentativa, por melhores que sejam seus olhos e por mais límpida que seja a água; conhecimento e método são necessários para capacitá-la a agarrar o que está bem diante de seus olhos e de suas mãos. O mesmo acontece com todos aqueles que pescam, em meio a um elemento estranho, a verdade que habita e se move ali: os poderes de observação devem ser treinados e os hábitos de método na organização dos materiais apresentados ao olhar devem ser adquiridos antes que o aluno possua os requisitos para compreender aquilo que ele contempla.

O observador dos homens e dos costumes precisa de preparação intelectual tanto quanto qualquer outro estudante. Certamente, não se trata de uma ideia muito considerada e uma multidão de viajantes age como se isso não fosse verdade. Do grande número de turistas que, todos os anos, partem de nossos portos, provavelmente não há um que ouse fazer observações sobre qualquer tema de investigação física, do qual ele não entenda sequer seus princípios. Se, ao voltar do Mediterrâneo, o viajante leigo fosse questionado sobre a geologia da Córsega ou sobre os prédios públicos de Palermo, ele responderia: "Oh, não sou capaz de falar sobre isso – nunca estudei geologia; não sei nada de arquitetura". Mas pouquíssimos fazem a mesma declaração sobre a moral e os costumes de uma nação. Todo homem parece imaginar ser capaz de entender os homens de imediato; ele supõe que basta estar entre eles para saber o que estão fazendo; ele pensa que os olhos, os ouvidos e a memória são suficientes para o estudo da moral, embora eles não o qualifiquem para observação botânica ou estatística; ele fala com confiança sobre os méritos e a condição social das nações pelas quais viajou; nenhuma hesitação o leva a dizer: "Posso oferecer poucas informações gerais sobre as pessoas que conheci; não estudei os princípios da moral; não sei avaliar os costumes nacionais".

Não haveria nada para se envergonhar em tal confissão. Nenhum homem sábio se envergonha por ser ignorante em qualquer ciência que não lhe tenha cabido estudar, ou que não esteja a seu alcance. Nenhum linguista se incomoda quando descobertas astronômicas são debatidas em sua presença; nenhum economista político cobre o rosto quando alguém lhe mostra uma concha ou uma planta que ele não é capaz de classificar; menos ainda o artista, o filósofo natural, o caixeiro-viajante ou o estudioso clássico deveriam se envergonhar de não estarem familiarizados com a ciência que, de todas as ciências que já se abriram aos homens, é talvez a menos cultivada, a menos definida, a menos apurada e a de mais difícil aplicação.

Nessa última característica da ciência da moral reside a justificativa de todos os viajantes que se recusam a falar sobre a condição social de qualquer povo. Ainda que a maioria dos viajantes fosse tão esclarecida quanto é atualmente ignorante sobre os princípios da moral, a dificuldade de aplicar esses princípios em usos interpretativos impediria os sábios de tomarem decisões precipitadas e de proferirem generalizações, às quais os viajantes, até hoje, tendem ceder. À medida que os homens se tornem conscientes de quão infinitas são as diversidades no homem, quão incalculáveis são as variedades e as influências das circunstâncias, a imprudência da pretensão e do julgamento diminuirá, e o grande trabalho de classificar as manifestações morais da sociedade será confiado aos filósofos, que nutrem a mesma relação com a ciência da sociedade que Herschel com a astronomia e Beaufort com a hidrografia.

De todos os turistas que proferem seus julgamentos sobre estrangeiros, quantos começaram suas pesquisas em casa? Qual deles ousaria dar conta da moral e dos costumes de Londres, mesmo que tenha vivido ali a sua vida toda? Algum deles escaparia a erros tão grosseiros quanto os do francês que publicou, como um fato geral, que as pessoas em Londres sempre comem, nos jantares, sopa de acompanhamento e peixe em todos os pratos? Quem de nós se arriscaria a classificar a moral e os costumes de qualquer vilarejo da Inglaterra, depois de passar o verão nele? Que homem sensato faz generalizações sérias sobre os costumes de uma rua, mesmo que seja Houndsditch ou Cranbourn-Alley? Quem alega saber de todos os atos de seu vizinho ao lado? Quem é capaz de responder por tudo o que é dito e feito por um morador da mesma casa – por pais, filhos, irmãos ou empregados? Se esses julgamentos fossem feitos, eles não seriam tão diversos quanto aqueles que os proferem? E afinal, quando examinados de perto, eles não revelariam mais sobre a mente do observador do que sobre o observado?

Se é assim conosco em casa, em meio a todas as semelhanças gerais, às influências predominantes que fornecem uma interpretação para um grande número de fatos, que esperança de um julgamento confiável resta para o turista estrangeiro, por melhor que seja seu método de viajar e por mais tempo que passe longe de casa? Ele observa todas as pessoas que aparecem em seu caminho e conversa com algumas delas. Se, de tempos em tempos, ele se afasta da estrada principal – se ele serpenteia entre vilarejos e atravessa montanhas, e adentra as aldeias dos vales – ele ainda segue apenas um caminho e não domina toda a extensão da área; a ele é fornecida, na melhor das hipóteses, não mais do que uma amostra daquele povo; e eles constituírem de fato uma amostra segue sendo uma suposição que ele não tem meios de verificar. Ele conversa com, mais ou menos, talvez um homem em 10 mil dos que vê; e, entre os poucos com quem ele conversa, não há dois iguais em poderes e formação, ou que concordam totalmente em seus pontos de vista sobre qualquer um dos grandes temas que o viajante diz observar; a informação fornecida por um é contrariada por outro; o que é fato num dia se revela um equívoco no dia seguinte; a mente exausta é logo sobrecarregada pela infinidade de detalhes desconexos ou contraditórios e se deixa ser atropelada pela multidão. O turista tem tantas chances de compreender, dessa maneira, o estado social de uma nação, quanto seu criado estaria qualificado para falar da meteorologia do país pelo número de vezes que os guarda-chuvas foram abertos em dois meses. Seus filhos também podem se dispor a falar da formação geológica do país a partir das pedras que cataram em um dia de passeio.

Eu me lembro de algumas palavras marcantes que me foram ditas, antes de partir para as minhas viagens, por um homem sábio já falecido. "Você vai passar dois anos nos Estados Unidos", disse ele. "Agora, me diga, você espera compreender os americanos quando voltar? Não: isso é bom. Eu morei 25 anos na Escócia e achei que entendia os escoceses; depois, eu vim para a Inglaterra e pensei que logo entenderia os ingleses. Já moro aqui há 25 anos e começo a achar que não entendo nem os escoceses nem os ingleses."

O que deve ser feito? Primeiro, vamos estabelecer o que não deve ser feito.

O viajante deve se recusar a qualquer indulgência de julgamento categórico, não apenas em público ao voltar para casa, mas também em seu diário e em seus pensamentos mais superficiais. O viajante experiente e cuidadoso formularia a situação de outra maneira. Sendo o julgamento categórico mais pesado para sua consciência do que agradável para sua preguiça, ele o chamaria não de indulgência, mas de ansiedade; ele gosta de trabalhar na coleta de materiais, mas evitaria a tarefa de julgar uma comunidade.

O viajante não deve fazer generalizações de improviso, por mais verdadeira que seja sua percepção – por mais sólida que seja sua compreensão de um ou mais fatos. Na China, um viajante inglês inexperiente foi recebido por um anfitrião embriagado e uma anfitriã ruiva; ele imediatamente apontou o fato de que todos os homens na China eram bêbados e todas as mulheres ruivas. Na Inglaterra, um viajante chinês inexperiente desembarcou no Tâmisa com um barqueiro que tinha uma perna de pau. O forasteiro observou que a perna de pau era usada para ficar na água, enquanto a outra era mantida alta e seca. A aparente economia do fato impressionou o chinês; ele viu nisso fortes evidências de um padrão e escreveu em uma carta para casa que, na Inglaterra, os homens com uma perna de pau são empregados como barqueiros, evitando assim quaisquer danos à saúde, sapatos e meias, de ficar na água. Essas anedotas revelam apenas um leve exagero das tendências à generalização de muitos viajantes modernos. Elas não são muito piores do que alguns relatos recentes de turistas, tanto quanto as velhas narrativas de "homens cujas cabeças crescem abaixo de seus ombros".

Os filósofos naturais não ousam fazer generalizações na mesma velocidade que os observadores dos homens; no entanto, eles podem fazê-las com mais segurança, correndo o risco de um dano incalculavelmente menor. O geólogo e o químico coletam grandes amostras de fenômenos particulares antes de se comprometerem a propor um princípio derivado delas, embora seu objeto seja muito menos diverso do que os seres humanos e nada tão importante quanto as emoções humanas – o amor e a repulsa, a reverência e o desprezo – dependa de seu julgamento. Se um estudante de filosofia natural é muito precipitado ao classificar e interpretar, por algum tempo, ele pode induzir seus colegas ao erro (não um grupo muito grande); ele corrompe as observações de alguns sucessores; seu erro é descoberto e exposto; ele fica mortificado e seus seguidores mais obedientes são ridicularizados, e há uma conclusão; mas, se um viajante apresenta qualquer qualidade que ele possa ter observado em alguns indivíduos como característica de uma nação, o mal não é rápida nem facilmente remediado. Pensadores infames e leitores passivos adotam suas palavras; os pais as repetem para seus filhos; e os habitantes da cidade propagam o julgamento nas vilas e aldeias – as cidadelas da intolerância; os viajantes futuros veem de acordo com os pré-conceitos que lhes foram transmitidos e acrescentam seu testemunho ao erro, até que leve um século para se reverter uma generalização apressada. Um geólogo cometeu um grande erro de atribuir o nível errado ao Mar Cáspio; e é vexatório que tanto tempo e energia precisaram ser dedicados para explicar um fenômeno que, afinal, não existe. É fastidioso para os geólogos que eles tenham desperdiçado tanta engenhosidade em encontrar razões para essas águas estarem em um nível diferente do que agora se descobre que elas têm; mas o mal acabou; eles expressam seu espanto; notas explicativas e apologéticas são devidamente inseridas nas novas edições de obras geológicas, e nada mais pode derivar do erro. Mas é difícil prever quando o público britânico acreditará que os Estados Unidos são uma nação jovial, ou mesmo que os franceses não são quase todos cozinheiros ou grandes dançarinos. Daqui a um século, provavelmente, os americanos ainda acreditarão que todos os ingleses estudam regularmente a arte da conversação; e as classes mais baixas dos franceses ainda dirão a seus filhos que metade das pessoas na Inglaterra se enforca ou se afoga todo mês de novembro. Enquanto os viajantes fizerem generalizações sobre a moral e os costumes de forma tão precipitada, provavelmente será impossível estabelecer uma convicção geral de que nenhuma nação civilizada é comprovadamente melhor ou pior do que qualquer outra em comparação à barbárie, incluindo nessa perspectiva todo o campo da moral. Enquanto os viajantes continuarem a negligenciar os meios seguros de generalização que estão ao alcance de todos, e a construir teorias a partir das manifestações de mentes individuais, haverá pouca esperança de inspirar os homens com os espíritos de imparcialidade, deferência mútua e amor, que são os melhores iluminadores dos olhos e retificadores do entendimento.

Acima de tudo, o viajante não deve perder a esperança de bons resultados com suas observações. Embora ele não seja capaz estabelecer conclusões verdadeiras por meios imperfeitos, ele não deve desistir por completo. Embora ele não possa generalizar com segurança de certa maneira, isso não significa que não haja outra maneira.

Existem métodos de generalização confiáveis dos quais falarei em breve. Contudo, se isso não estivesse ao seu alcance, se seus únicos materiais disponíveis fossem o discurso, as opiniões, os sentimentos, o modo de vida, a aparência, o vestuário e os costumes dos indivíduos, ele ainda poderia dar contribuições importantes à ciência por meio de suas observações sobre uma variedade tão ampla desses fenômenos quanto ele seja capaz de apreender. A experiência de muitos observadores geraria, com o tempo, materiais a partir dos quais um filósofo cauteloso poderia extrair conclusões. Esta é uma regra clara, tanto na moral quanto na física, a de que nenhum fato é destituído de utilidade. Todo observador e registrador cumpre uma função; e nenhum observador ou registrador deve se sentir desencorajado, desde que ele almeje ser útil ao invés de brilhante; ser um servo ao invés de senhor da ciência, e ser alguém de confiança para os que ficam em casa ao invés de seu ditador.

Um dos homens mais sábios ainda vivo me escreveu: "Nenhum livro é tão pouco confiável quanto os livros de viagens. Todos os viajantes generalizam e precisam generalizar de forma muito apressada. A maioria, senão todos, toma um fato por princípio, ou a exceção pela regra, de certa forma; e as mentes mais sagazes, as que amam argumentar e explicar mais do que observar com paciência, são as que mais se perdem. Minha fé nas viagens foi mortalmente abalada quando eu viajei. Ao longo do percurso eu li os livros daqueles que me precederam e descobri que nós não víamos com os mesmos olhos. Até as descrições da natureza revelaram-se falsas. O viajante havia visto a paisagem em outra estação, ou sob uma luz diferente, e tomou o transitório como permanente. Mas eu ainda acho que as viagens são úteis. Diferentes relatos fornecem meios de aproximação à verdade; e, pouco a pouco, o que é permanente e essencial em um povo será revelado".

Há de ser um pensamento animador para um viajante que, embora ele não possa chegar a qualquer conclusão em relação à moral e aos costumes de um império, ele certamente pode ajudar a fornecer meios de aproximação à verdade e de revelar "o que é permanente e essencial em um povo". Isso deveria ser suficiente para instigar seus esforços e satisfazer sua ambição.

Capítulo I
Requisitos filosóficos

Eu apenas acredito que esta não é uma tarefa para qualquer homem que se considere um professor, mas exigirá vigor quase igual ao que Homero concedeu a Ulisses; contudo, estou convencido de que pode ser muito mais fácil no papel do que parece agora a distância.
Milton

Há dois lados no trabalho de observação da moral e dos costumes – o observador e o observado. Este é um fato importante sobre o qual o viajante raramente se debruça como deveria; no entanto, um instante de reflexão mostra que a mente do observador – o instrumento com o qual o trabalho é feito – é tão essencial quanto o material a ser forjado. Se o instrumento estiver em mau estado, fornecerá um produto ruim, seja qual for o material. Neste capítulo indicarei quais requisitos o viajante deve certificar-se de que possui, antes de se comprometer a oferecer observações sobre a moral e os costumes de um povo.

Seção I

Ele precisa ter decidido o que quer saber. Na ciência física, grandes resultados podem ser obtidos por meio de experimentos aleatórios; mas este não é o caso da moral. Um químico dificilmente deixará de aprender alguma coisa ao misturar algumas substâncias sob novas circunstâncias e observar o resultado que surgirá da nova combinação. Algumas descobertas impressionantes aconteceram dessa maneira na infância da ciência; no entanto, ninguém duvida que mais conhecimento possa ser obtido pelo químico que tem um objetivo em mente e que conduz seu experimento com base em algum princípio. No caso da moral, o último método é o único que assegura resultados úteis. No funcionamento do sistema social, todos os agentes são conhecidos por seus traços gerais – todos são determinados. Não é a sua natureza, mas a proporção em que se combinam que deve ser verificada.

O que o viajante quer saber? Ele sabe que, por onde for, ele encontrará homens, mulheres e crianças; homens fortes e homens fracos, homens justos e homens egoístas. Ele sabe que, em todos os lugares, ele terá necessidade de comida, roupas e abrigo; e, em todos os lugares, haverá algum modo de acordo geral sobre como viver em comunidade. Ele sabe que, em todos os lugares, haverá nascimento, casamento e morte; e, portanto, afetividade doméstica. Com base em todos esses elementos da vida social, que resultados ele pretende buscar?

Por querer resolver essa questão, um viajante não vê nada verdadeiramente porque o estado das coisas não é consistente com suas especulações sobre como os seres humanos devem viver juntos; outro vê o todo com preconceito porque as coisas não são como ele costumava ver em casa; no entanto, ambos relutariam com o reconhecimento de sua tolice, se estivesse bem diante deles. O primeiro ficaria envergonhado de ter julgado toda comunidade existente por um padrão arbitrário próprio – um ato muito parecido com o ir para a selva para ver palácios reais cheios de homens em trajes elegantes; e o outro perceberia que diferentes nações podem continuar julgando umas às outras por si mesmas até o dia do juízo final, sem melhorar em nada a chance de autodesenvolvimento e de compreensão mútua. Viajar com a inconveniência de um hábito mental não contraposto por um objetivo intelectual nunca será satisfatório. O viajante pode muito bem ficar em casa, pois nada ganhará no caminho de conhecimento social.

As duas considerações que acabamos de mencionar devem ser subordinadas à consideração maior – a única geral – a da quantidade relativa de felicidade humana. Todo elemento da vida social deriva sua importância dessa grande consideração. As conveniências externas dos homens, suas emoções internas e afeições, seus arranjos sociais, graduam-se em importância precisamente na proporção em que eles afetam a felicidade geral do povo em que se manifestam. Eis o objetivo do viajante sábio – manter-se atento à exclusão de preconceitos, tanto filosóficos quanto nacionais. Ele não deve se permitir ficar perplexo ou enojado ao ver os grandes objetivos da sociedade humana serem perseguidos por meios que ele nunca poderia ter imaginado, e cuja prática ele jamais poderia se acostumar. Ele não deve tirar conclusões negativas sobre a alimentação das pessoas porque as vê engolindo gordura animal ou comendo melancias, em vez de se deliciar com churrasco e cerveja. Ele não deve supor que suas reuniões sociais são um fracasso porque elas comem com os dedos em vez de garfos de prata, ou encostam suas testas em vez de fazer uma reverência. Ele não deve tirar conclusões contra a moral doméstica por causa da diversidade de formas de se contrair casamento. Ele também poderia julgar as manifestações triviais dos costumes em todo o mundo pelo que ele conhece de sua terra natal. Nesse caso, deixar a porta aberta ou fechá-la não tem nenhuma relação com a moral, e muito pouco com os costumes; ao passo que fechar a porta é um ato tão cruel em um barracão hindu quanto deixá-la aberta em uma cabana na Groenlândia. Em resumo, ele deve se preparar para submeter tudo o que observa ao teste de algum princípio elevado e amplo, e não ao de uma prática comparativa vulgar. Avaliar um povo comparando-o com outro é argumentar dentro de uma porção muito pequena de um círculo; e o observador pode ir para frente e para trás, mas sempre à mesma distância do ponto da verdade. Avaliar a moral e os costumes de uma nação em referência aos fundamentos da felicidade humana é atacar direto o alvo e ver as coisas como elas são.

Seção II

Já com a convicção daquilo que ele quer saber, o viajante precisa também estar equipado com os meios de obter o conhecimento que deseja. Quando ele era criança, provavelmente foi-lhe ensinado que olhos, ouvidos e compreensão são suficientes para ele ganhar tanto conhecimento quanto ele terá tempo de adquirir; mas sua autoeducação foi pobre, se ele não tiver se convencido de que algo mais é necessário – o esclarecimento e a disciplina do entendimento, bem como seu uso imediato. Não basta ao viajante ter uma compreensão ativa – equivalente a uma percepção apurada dos fatos individuais em si mesmos; ele também deve estar de posse de princípios que possam servir como um ponto de referência para suas observações, e sem os quais ele não pode determinar suas orientações ou estar seguro de dar uma interpretação correta sobre eles. Um viajante estará melhor sem olhos, ou sem ouvidos, do que sem tais princípios, como comprovam as evidências. Holman, o viajante cego, obtém uma quantidade incrível de informações, embora seja excluído das evidências concedidas pelo semblante humano, pelos grupos à beira do caminho, pelo aspecto das cidades e pelos fenômenos variáveis das regiões rurais. Em sua máxima, ele revela algo de seu método.

"Sem visão para ver e julgar com os olhos do julgamento, fazer os quatro sentidos executarem o trabalho de cinco, preparar a mente para um empreendimento esperançoso, são luzes para aquele que vive na escuridão."

Para "julgar com os olhos do julgamento" esses olhos devem ser fortes e claros; e um viajante pode ganhar mais sem o órgão corporal do que com um entendimento sem preparo. O caso do Surdo Viajante[1] nos leva a dizer o mesmo sobre a outra grande via do conhecimento. Seus escritos provam, para todos que os conhecem, que, embora privado em grande parte daquele inestimável comentário sobre os fatos percebidos – o discurso humano –, o Surdo Viajante é capaz de nos fornecer mais conhecimento sobre povos estrangeiros do que o melhor Ouvido-Afiado[2] faria sem os acompanhamentos do poder analítico e da reflexão atenta. Todos os sentidos, faculdades intelectuais e bons hábitos podem ser considerados essenciais para uma observação perfeita da moral e dos costumes; mas seria melhor dispensar quase qualquer um deles do que uma provisão de princípios que pode servir como referência e teste dos fatos. Os viajantes cegos e surdos devem sofrer com a privação ou deficiência de certas classes de fatos. A condição do viajante não filosófico é muito pior. Será sorte se ele der uma interpretação correta a qualquer um dos fatos que observa.

---

1. *Penny Magazine*, vol. II, p. 309.

2. No original, *"Fine-Ear"* [N.T.].

Muitos podem contestar que estou tomando muito a sério a questão das viagens com essa advertência. Eles não aspiram ser filósofos morais; eles não desejam ser oráculos; eles não fazem nada mais do que oferecer um relato simples daquilo que observam. Mas que trabalho na terra é mais sério do que fazer um relato das coisas mais profundas e importantes que existem neste mundo? Todo relato verdadeiro é um grande bem; todo relato falso é um grande mal. Portanto, que sejam feitos apenas por pessoas com alguma qualificação. Os viajantes que não desejam se empenhar para munir a si mesmos do pensamento e do estudo necessários devem abster-se de produzir relatos.

Contudo, é um erro supor que o estudo que se faz necessário seja vasto e profundo. É necessário algum conhecimento dos princípios da Moral e da regra dos Costumes, assim como no caso de outras ciências a serem utilizadas em situação semelhante; mas os princípios são poucos e simples, e a regra é de fácil aplicação.

As breves noções universais da moral podem ajudar um viajante comum a julgar se ele gostaria de viver em algum país estrangeiro, e se as pessoas de lá lhe agradam tanto como as de seu próprio país. Para tal, pode ser suficiente entender as noções gerais de que a mentira, o roubo, a ociosidade e a libertinagem são ruins; e que a verdade, a honestidade, a diligência e a sobriedade são boas; e que, para propósitos comuns, pode-se confiar em tal pessoa para afirmar o que é diligência e o que é ociosidade; o que é libertinagem e o que é sobriedade. Mas noções vagas, preconceitos domésticos, até mesmo sobre esses grandes pontos da moral, não são suficientes – aos olhos de um viajante esclarecido – para autorizar julgamentos sobre o estado moral das nações, edificadas sob uma ampla diversidade de circunstâncias. A verdadeira liberalidade, que é a única digna de contemplar todas as nações da terra, não traça uma linha clara que divida a conduta humana, declarando tudo o que vai de um lado como vício e tudo o que vai no outro como virtude; tal liberalidade sabe que ações e hábitos nem sempre carregam sua marca moral de maneira visível a todos os olhos, e que o caráter de muitos deve ser determinado por uma aplicação cautelosa de alguns poucos princípios profundos. O protestante Shaker da Nova Inglaterra é um bom juiz da moral e dos costumes do árabe do deserto? Que tipo de veredicto daria o cigano mais astuto sobre o monge trapista? O que pensaria o camponês escocês sobre as práticas mágicas do Egito? Ou o soldado russo sobre uma reunião de eleitores nos Estados Unidos? As ideias de certo e errado na mente dessas pessoas não são tão amplas, a ponto de lhes permitir julgar pessoas em situações totalmente opostas às suas. O verdadeiro filósofo, o observador respeitável, primeiro contempla na imaginação a humanidade e, em seguida, verifica quais princípios morais são aplicáveis a todos os seres humanos, e faz seu julgamento com base nesses princípios.

O viajante esclarecido, ainda que ele explore apenas um país, carrega em sua mente a imagem de todos; pois um povo somente pode ser julgado em sua relação com toda a raça humana. Quase que sem exagero, pode-se dizer que ele vê o mesmo que o rapsodo de Volney viu.

"Lá, acima da atmosfera, olhando para baixo sobre a terra que abandonei, vi uma cena inteiramente nova. Sob meus pés, flutuando no espaço vazio, um globo semelhante ao da lua, mas menos luminoso, apresentava-me uma de suas faces… 'O quê!', exclamei – 'essa é a terra habitada por seres humanos?'"[3]

---

3. Pesquisa de Volney sobre as Revoluções dos impérios, p. 25, 26.

As diferenças são que, em vez de "uma de suas faces", o moralista veria a terra inteira em uma contemplação; e que, em vez de uma extensão nebulosa aqui e um ponto marrom ou cinza acolá – continentes, mares ou vulcões –, ele examinaria os lares e os agrupamentos sociais de todos os continentes. No extremo norte está o iglu dos esquimós, com o brilho do fogo em seu interior, como uma lâmpada de alabastro queimando em um vasto deserto; lá dentro, o pai imberbe conserta suas armas feitas de espinhas de peixe, enquanto a mãe pequenina envolve seu filho em peles e o alimenta com óleo e gordura. No extremo oriente há a família chinesa em seu jardim, caminhando por suas calçadas pavimentadas, ou sentada à sombra de suas rochas artificiais; o senhor exibindo as garras de sua mão esquerda enquanto fuma seu cachimbo e sua esposa cambaleando sobre seus pés deformados enquanto segue sua criança – exultante, se for um menino; séria e cheia de suspiros, caso os céus a tenham enviado apenas meninas. No extremo sul está o colono do Cabo, preguiçosamente relaxando à sua porta, enquanto ele envia seu trabalhador para algum lugar com seu carro de boi, delega as tarefas da fazenda às mulheres e afugenta de sua porta qualquer pobre hotentote que possa ter vagado pela planície até lá. No extremo oeste, os caçadores carregados de peles se reúnem nas margens do Pacífico. Os homens estão fazendo negócios ou limpando suas armas ou dormindo; as mulheres indígenas estão cozinhando ou tingindo, com sumos vegetais, os espinhos do porco-espinho ou o pelo do alce. Entre essas extremidades existe um mundo de morais e costumes tão diversos quanto a superfície das terras em que são encontrados. Há o nobre russo em sua propriedade, o senhor do destino de seus servos, mas duramente pressionado pela inimizade de nobres rivais e silenciado pelo despotismo de seu príncipe; sua esposa leva uma vida lânguida em meio ao frenesi de suas criadas; e seus filhos pequenos falam das guerras em que servirão a seu imperador no futuro. Há o comerciante de Frankfurt vivendo entre iguais, gabando-se por nunca ter prejudicado ninguém ou por ter um filho prestigiado na universidade, ou uma filha habilidosa nas artes domésticas; enquanto sua esposa compete com suas vizinhas no desvelo com o conforto e respeitabilidade da família. Há o camponês francês regressando do campo em total ignorância do que aconteceu na capital ultimamente; e há o artesão inglês discutindo com seu irmão operário a política local ou levando para sua esposa em casa alguma esperança nova da interferência do governo em questões de trabalho e salários. Aqui há um conclave de cardeais, consultando os interesses da Santa Sé; acolá, um grupo de brâmanes fazendo uma oferenda de arroz para sua divindade. Em uma direção há um punhado de cidadãos construindo uma nova cidade no meio de uma floresta; em outra, uma tropa de cavaleiros ronda no horizonte, enquanto uma caravana atravessa o deserto. Sob as sombras reluzentes de uma vinícola alemã, cantam canções nacionais; das montanhas íngremes da Suíça ecoa a trompa alpina; em uma cafeteria do Cairo, os ouvintes estão atentos ao narrador de histórias românticas; as igrejas da Itália reverberam hinos solenes; e os ruídos delicados da criança são ouvidos na sala de estar da Nova Inglaterra, enquanto o jovem estudioso lê a Bíblia para o pai ou avô já idoso.

Tudo isso, e muito mais, fará um viajante mais esclarecido refletir em sua mente, enquanto observa os grupos que se apresentam aos seus sentidos. Há muito poucos desses viajantes – noções vagas e gerais, ou meramente tradicionais, de certo e errado devem servir ao propósito da maioria. O principal problema com noções morais vagas ou tradicionais é que elas são irreconciliáveis com a liberalidade de julgamento; e o grande benefício de uma avaliação dos princípios básicos da moral é que tal investigação desfaz preconceitos e ilumina muitas coisas que deixam de ser temíveis e dolorosas por não serem mais obscuras. Todos nós sabemos como um domingo em Paris parece diferente para um sectário – para quem a palavra de seu pastor é lei; e para um filósofo, a quem a religião é inata, que compreende a estreiteza das seitas e vê como a humanidade é muito maior que a própria Cristandade. Todos nós sabemos como as orações dos muçulmanos nas ruas e a pompa das procissões católicas são ofensivas para aqueles que não conhecem outra forma senão retirar-se e isolar-se quando rezam; porém, como se sentia o pensador erudito que escreveu o *Religio Medici*? Ele era um membro ordenado de uma igreja protestante; todavia, ele descobria a cabeça ao ver um crucifixo; ele não zombava dos peregrinos andando com ervilhas em seus sapatos nem desprezava um frade mendicante; ele "não podia ouvir um sino de Ave-Maria sem que sua alma se elevasse"; e é provável que nem mesmo os terafins dos árabes fossem totalmente absurdos, ou o carro de *Juggernaut*[4] completamente odioso aos seus olhos. Essa é a diferença entre o sectário e o filósofo.

Seção III

Como um exemplo da vantagem que um viajante filosófico tem sobre um viajante despreparado, cabe observar a diferença que haverá entre o julgamento de um homem sobre as nações, caso ele tenha apenas a vaga noção popular de um senso moral, ou se ele tiver investigado as leis que regem os sentimentos de certo e errado em todos os homens. Vale a pena deter-nos um pouco neste ponto importante.

_____

4. Ver nota 23 [N.T.].

A maioria das pessoas que não se preocupam muito em pensar por si mesmas tem uma noção de que todo ser humano tem sentimentos, ou uma consciência, com os quais nasceu e pelos quais ele distingue, caso lhes dê atenção, exatamente o que é certo e errado; e que, como o certo e o errado são fixos e imutáveis, todos devem concordar quanto ao que é pecado e virtude em qualquer situação. Ora, a humanidade está, e sempre esteve, tão distante de concordar quanto ao certo e errado que é necessário explicar de alguma forma as grandes diferenças em distintas épocas e entre diversas nações. Uma grande diversidade de doutrinas foi proposta com o objetivo de aliviar a dificuldade; mas, em todas elas, alguns grupos são deixados à condenação ou à compaixão dos demais por seu erro, cegueira ou pecado. Além disso, nenhuma doutrina já inventada conseguiu explicar algumas revoluções totais nas ideias de certo e errado que ocorreram ao longo dos tempos. Uma pessoa que supõe existir um senso moral universal entre os homens, tão imutável quanto quem o concedeu, não consegue explicar de forma razoável como os homens que matavam mais inimigos em batalha eram outrora considerados os mais virtuosos, ao passo que, agora, considera-se muito mais nobre salvar uma vida do que destruí-la. Eles sequer imaginam como que, no passado, viver na miséria era considerada uma grande vergonha, e cometer suicídio uma honra, enquanto agora os homens mais sábios e aprimorados pensam exatamente o contrário. E, no que diz respeito à era atual, os homens que supõem que todos devem pensar da mesma forma sobre questões morais devem ficar intrigados com o fato de que, em algumas partes do mundo, as mães acreditam ser um dever afogar seus filhos, e que os potentados no Oriente zombam abertamente do rei da Inglaterra por ter apenas uma esposa em vez de cem. Não há como escapar à intolerância sob essa crença – da maneira que o filósofo entende a intolerância. Não há como evitar a conclusão de que as pessoas que praticam o infanticídio e a poligamia são desesperadamente perversas; e que pequenas diferenças de conduta representam, no exterior como em casa, tantos pecados.

O observador que parte com uma crença mais filosófica não apenas escapa à aflição de ver pecado onde quer que ele veja diferença, e evita o sofrimento do desprezo e da alienação da sua espécie; mas, ao estar preparado para o que ele presencia, e consciente de suas causas, também está livre da agitação de ficar chocado e alarmado, preservando sua calma, sua esperança, sua empatia; e, assim, está muito melhor equipado para perceber, entender e julgar a moral e os costumes das pessoas que ele visita. Sua crença mais filosófica, derivada de todas as evidências e reflexões justas, é a de que os sentimentos de certo e errado de todo homem, em vez de nascerem com ele, se desenvolvem nele a partir das influências a que está sujeito. Vemos que, em outros casos – no que se refere à ciência, à arte e aos fenômenos da natureza –, os sentimentos surgem do conhecimento e da experiência; e há todas as evidências de que também é assim no caso da moral. Os sentimentos começam muito cedo; e esta é a razão pela qual supõe-se que eles nascem com os homens; mas eles são poucos e imperfeitos na infância e, no caso daqueles fortemente versados na moral, eles continuam aumentando, se fortalecendo e se aprimorando ao longo da vida. Veja o efeito sobre as observações do viajante por manter sua crença sobre a consciência! Ciente de que algumas influências agem nas mentes de todas as pessoas em todos os países, ele procura em toda parte por certos sentimentos de certo e errado que, certamente, estão na mente de todos os homens como se tivessem nascido com eles. Por exemplo, atormentar o outro sem qualquer razão, real ou imaginária, é considerado errado em todo o mundo. Da mesma forma, fazer os outros felizes é universalmente considerado certo. Ao mesmo tempo, o viajante está preparado para encontrar uma variedade infinita de diferenças em questões menores e se liberta da necessidade de declarar cada uma delas como um vício de uma ou outra parte. Sua própria educação moral tendo sido mais elevada e avançada do que a de algumas das pessoas que ele contempla, ele não pode deixar de sentir tristeza e repulsa por várias coisas que testemunha; mas é a ignorância e a barbárie que ele lamenta, e não o vício. Quando ele vê o árabe ou o nativo americano oferecer a filha ou a esposa ao estrangeiro, como parte da hospitalidade que, na mente do anfitrião, é o primeiro de seus deveres, o observador julga o fato como ele julga o modo de educação na antiga Esparta, onde a resistência física e a escravidão moral constituíam um homem honrado. Se ele vir um estudante americano gastar toda a sua pequena fortuna, ao deixar a faculdade, em viagens pela Europa, ele não o culpará como culparia um jovem inglês por fazer a mesma coisa. O inglês seria um perdulário; o americano é sábio: e a razão é que suas circunstâncias, perspectivas e, portanto, suas visões de dever são diferentes. O americano, tendo a certeza de obter um sustento independente, pode fazer da expansão de sua mente, e de cultivar seus gostos em viagens, o seu primeiro objetivo; enquanto o inglês consciencioso deve satisfazer as duras condições de independência antes de poder viajar. O capital é, para ele, um dos principais requisitos da independência honesta; ao passo que, para o americano, a princípio, ele não é absolutamente necessário. Até recentemente, andar sem roupa era algo inocente nas ilhas dos Mares do Sul; mas, agora que a civilização foi razoavelmente estabelecida pelos missionários, tornou-se um pecado. Deixar um inimigo escapar com vida é uma vergonha em alguns países do mundo; enquanto, em outros, é considerado mais honroso perdoá-lo do que puni-lo. Exemplos dessas variedades e oposições de consciência poderiam ser multiplicados até ocupar um livro inteiro, para a perplexidade e tristeza do não filosófico e a instrução serena do observador filosófico.

As influências gerais, nas quais as ideias e os sentimentos universais de certo e errado são formadas, são fornecidas pela Providência, sob a qual todos são criados. Que o homem seja feliz é, tão evidentemente, a intenção de seu criador – os artifícios para esse fim são tão numerosos e tão impressionantes que a percepção desse objetivo pode ser chamada de universal. Tudo o que tende a tornar os homens felizes torna-se um cumprimento da vontade de Deus. Tudo o que tende a torná-los infelizes torna-se uma oposição à sua vontade. Há, e deve haver, uma série de obstáculos ao reconhecimento expresso e à obediência prática a esses grandes princípios; contudo, eles podem ser considerados a raiz da religião e da moral em todos os países. Há impedimentos que derivam da ignorância e do erro, do egoísmo e da paixão: os homens mais infantis confundem os meios da felicidade humana, e os mais sábios têm apenas uma percepção vaga e flutuante deles. Ainda assim, todos os homens nutrem uma convicção comum: a de que o que faz as pessoas felizes é bom e certo, e o que as torna infelizes é mau e errado. Essa convicção está na base de práticas que parecem ser as mais incongruentes com ela. Quando o Ashanti oferece um sacrifício humano, é para garantir as bênçãos de seus deuses. Quando o hindu expõe seu pai doente no Ganges, ele acredita que está aliviando o sofrimento dele por meio de uma morte encantada. Quando Sand esfaqueou Kotzebue[5], ele acreditava estar punindo e se livrando de um inimigo e de um obstá-

---

5. Referência a Karl Ludwig Sand e August von Kotzebue, assassinado em 1819 [N.T.].

culo ao bem-estar de sua nação. Quando os fazendeiros da Geórgia compram e vendem escravos, eles supõem que estão preservando a ordem e a subordinação devida à sociedade. A filosofia aponta todas essas noções como estreitas, superficiais e equivocadas. Elas foram superadas por muitos e sem dúvida estão destinadas a ser superadas por todos; mas, praticadas pelos ignorantes e ilusos, elas são muito diferentes da maldade perpetrada de forma consciente. Entretanto, essas coisas seriam maldades perpetradas conscientemente, caso a suposição de um senso moral universal e infalível fosse verdadeira. O viajante que aderir rigidamente à noção de um senso moral declarará o adorador Ashanti tão culpado quanto James Greenacre[6]; o filho hindu um parricida, não apenas de fato, mas no sentido mais revoltante do termo: Sand, um assassino como Thurtell[7]; e o colonizador da Geórgia seria um monstro tirano tal como um fazendeiro de Sussex o seria se instalasse um pelourinho para seus trabalhadores e vendesse seus filhos pequenos para os ciganos. Tais julgamentos seriam cruelmente iliberais. O viajante munido da mais apurada filosofia da consciência chegaria a conclusões não apenas mais corretas, mas muito menos dolorosas; e, sem qualquer fraqueza de princípios, muito mais caridosas.

Eis um exemplo da vantagem de o viajante ter princípios definidos, a serem usados como um ponto de referência e de teste para suas observações, ao invés de meras noções morais vagas e preconceitos gerais que podem servir apenas como um falso meio, no qual muito do que ele vê é necessariamente pervertido ou obscuro.

---

6. Condenado à forca em 1837, por assassinar e degolar a noiva com a ajuda de sua amante, em caso de grande repercussão na época [N.T.].

7. Referência a John Thurtell, condenado à forca em 1824 por um assassinato motivado por dívidas de jogo, também com grande repercussão [N.T.].

Seção IV

Após se convencer de que existem alguns sentimentos universais sobre o certo e o errado e que, consequentemente, algumas partes da conduta humana são guiadas por regras gerais, o viajante deve, em seguida, dar atenção aos modos de conduta que lhe pareçam bons ou maus, predominantes em uma nação, distrito ou sociedades menores. O seu primeiro princípio geral é o de que a lei da natureza é a única pela qual a humanidade como um todo pode ser julgada. O segundo deve ser o de que toda virtude ou vício predominante é o resultado das circunstâncias particulares em meio às quais a sociedade vive.

As circunstâncias nas quais uma virtude ou vício prevalente se origina podem ou não ser rastreadas por um viajante. Se forem identificáveis, ele não deve poupar esforços para se familiarizar com todo o caso. Se forem obscuras, ele deve ter cuidado para não imputar desonras aos indivíduos, como se esses indivíduos vivessem sob as mesmas influências que fizeram dele o que ele é. Ele não vai censurar tão severamente uma falha de independência moral em um cidadão da Filadélfia quanto o faria com um cidadão de Londres – considerando, como ele há de saber, que a falta de independência moral é um defeito predominante nos Estados Unidos e que deve haver alguma razão para isso. Ele tampouco buscará no camponês polonês a inteligência, a atividade e os princípios políticos que o encantam na casa de madeira do fazendeiro americano. Ele observa que os camponeses poloneses geralmente são apáticos e que os fazendeiros americanos geralmente se interessam por política; e que deve haver razões para essa diferença.

Na maioria dos casos, tais razões são, em grande medida, verificáveis. Na Espanha, por exemplo, existe uma grande classe de mendigos miseráveis e irrecuperáveis; e sua ociosidade, sujeira e mentira perturbam a própria alma do viajante. Qual é a razão da prevalência dessa classe degradada e de seus vícios? Uma dama da corte[8] escreveu, nos tempos antigos, queixas lamentando a pobreza do soberano, da nobreza, do exército e das damas destituídas que serviam a rainha. O soberano não podia dar o jantar a seus criados; a nobreza fundia suas pratas e vendia suas joias; os soldados estavam famintos na guarnição, de modo que os jovens desertavam e os mais velhos e inválidos definhavam, em verdade morriam de fome. A senhora menciona, com surpresa, que uma quantidade particularmente grande de ouro e prata havia chegado das possessões estrangeiras da Espanha naquele ano, e tenta explicar a miséria universal dizendo que uma grande proporção dessas riquezas foi apropriada pelos mercadores que forneciam aos espanhóis itens essenciais vindos do exterior; e ela fala disso como um mal. Ela é um exemplo de observadora não filosófica – alguém em quem não se pode confiar para descrever – muito menos para explicar – a moral e os costumes das pessoas que estão diante de seus olhos. O que diz um observador filosófico?[9] "Espanha e Portugal, os países que possuem as minas, são, depois da Polônia, talvez os dois países mais pobres da Europa". "Seu comércio com suas colônias é realizado em seus próprios navios e é muito maior" (do que seu comércio exterior), "devido às grandes riquezas e à extensão dessas colônias. Mas nunca foram introduzidas manufaturas consideráveis para o comércio exterior em nenhum desses países, e a maior parte de ambos não foi desenvolvida". "Diz-se que a diferença da proporção de ouro e prata para a produção anual da terra e do trabalho na Espanha é significativa e que,

---

8. Madame D'Aunoy.

9. Adam Smith, *A riqueza das nações*.

com frequência, há uma profusão de prataria nas casas, enquanto nada há que, em outros países, poder-se-ia considerar adequado ou condizente com esse tipo de magnificência. O baixo preço do ouro e da prata ou, o que é a mesma coisa, o alto preço de todas as mercadorias, que constitui o efeito necessário da abundância dos metais preciosos, desestimula tanto a agricultura quanto as manufaturas da Espanha e de Portugal, possibilitando às nações estrangeiras fornecer-lhes muitos tipos de produtos naturais e quase todos os gêneros de manufaturados, por uma quantidade de ouro e prata inferior àquela que eles mesmos têm condições de cultivar ou manufaturar em seu próprio país." Quando se considera que, na Espanha, ouro e prata são chamados de riqueza, e que há pouco mais que isso; que as manufaturas e o comércio praticamente inexistem; que a agricultura é desencorajada e que, portanto, há falta de ocupação para as classes mais baixas, pode-se concluir com justiça que as classes superiores ociosas se revelarão preguiçosas, orgulhosas e pobres; as classes baixas ociosas, em estado de mendicância; e que a parte mais virtuosa e feliz da população será aquela que se dedica ao cultivo do solo e às ocupações absolutamente necessárias nas cidades. Pode-se imaginar os grupos intrigantes de senhores nobres, que não têm negócios em suas propriedades para ocupar seu tempo e sua cabeça; ou a multidão de mendigos famintos que se aglomeram à porta de um convento para receber a esmola diária; ou os camponeses hospitaleiros e cordiais, de quem um viajante diz[10]: "Nessa classe da sociedade espanhola há uma civilidade para com os estrangeiros e um estilo fácil de comportamento comum a ela, que está muito distante das maneiras grosseiras e desajeitadas dos camponeses ingleses e alemães. Sua sobriedade e resistência à fadiga são notáveis;

---

10. Jacob, *"Travels in the south of Spain"*.

e há uma alegria constante em seu comportamento que predispõe profundamente um estrangeiro a gostar deles". – "Eu ficaria feliz se pudesse, com justiça, dar uma imagem tão favorável das camadas superiores da sociedade deste país; mas, talvez, quando consideramos sua educação deplorável e seus hábitos arraigados de indolência e desperdício, não deve nos surpreender o estado de desprezo e degradação a que estão reduzidos. Não manifesto a linguagem do preconceito, mas o resultado das observações que fiz, com as quais todos os observadores rigorosos entre nossos compatriotas concordaram comigo, ao dizer que as figuras e semblantes das classes altas são tão inferiores às dos camponeses quanto as suas qualidades morais na visão que tenho deles." – Tudo isso poderia ser considerado inevitável em um país onde os meios de vida derivam passivamente do exterior, e onde a honra e as recompensas do ofício próspero estão confinadas a uma classe da comunidade. As minas devem ser as culpadas pelas falhas predominantes dos mendigos atrevidos e nobres indigentes da Espanha.

Para qualquer um que tenha refletido, em seu país, sobre as condutas de um sistema social baseado na força física, ou aqueles arranjos opostos baseados no poder moral, não há de ser nenhum mistério que haja características morais predominantes entre os indivíduos desses sistemas; e que os vícios que existem neles, embora lamentados, serão julgados com indulgência.

Tomemos o sistema feudal como exemplo, primeiro, e depois o seu oposto. Um pouco de reflexão esclarece quais virtudes e vícios muito provavelmente existirão sob as influências de cada um.

O barão vive em seu castelo, em uma rocha ou em alguma outra elevação, de onde pode vigiar seus domínios, ou onde seu ancestral ergueu sua morada para fins de segurança. Nessa fase da sociedade há pouco requinte e conforto doméstico. A mobília é grosseira; a biblioteca não é convidativa; e a comodidade luxuosa das cidades está fora de questão. Os prazeres do proprietário se encontram do lado de fora. Aí, ele se dedica a esportes violentos e desfruta de seu luxo predileto – o exercício do poder. Dentro da casa, a esposa e suas criadas passam a vida em trabalhos manuais, brincando com as crianças e mantendo-as em ordem, em conversas intermináveis sobre os poucos eventos que chegam ao seu conhecimento, e em obediência e companhia ao padre. Enquanto o senhor está caçando ou reunindo seus servos para o festejo, as mulheres estão fiando ou costurando, fofocando, confessando ou fazendo penitência; enquanto o padre estuda em seus aposentos, compartilha da alegria ou acalma os problemas da casa, e comanda a mente do nobre ao assegurar a confiança de sua esposa. Do lado de fora estão os servos, qualquer que seja o nome pelo qual sejam chamados. Suas habitações pobres se amontoam em torno do castelo do senhor; seus trechos de terra arável ficam mais próximos e os pastos mais distantes – de modo que, pelo menos, o suprimento de comida humana possa ser protegido de qualquer inimigo. Essas porções de terra são mantidas em regime de concessão; e, como os servos não têm nenhuma propriedade sobre elas, e nenhum interesse em sua melhoria, e, além disso, podem ser retirados de sua lavoura a qualquer momento, para prestar serviço militar ou outro, o solo produz colheitas lamentáveis e o gado magro não ornamenta muito as pastagens. As esposas dos camponeses são frequentemente deixadas, com uma hora de antecedência, com a desprotegida responsabilidade sobre seus filhos seminus e incultos, bem como do gado e do campo. Os festejos populares ocorrem em dias santos, no retorno do líder dos campos de guerra ou após uma caçada preeminente.

Ora, qual deve ser a moral de um distrito como esse? E, pode-se acrescentar aqui, de todo o país do qual ele faz parte? Pois, se há um assentamento feudal desse tipo, deve haver mais; e a sociedade é de fato composta por um certo número de conjuntos completos de pessoas, de instituições como essa. Não há necessidade de voltar alguns séculos para ver um quadro original: atualmente, ele existe em mais de um país na Europa.

Esse tipo de sociedade é composto apenas por duas classes; os que têm alguma coisa e os que não têm nada. O chefe tem propriedades, algum conhecimento e grande poder. Com diferenças individuais, pode-se esperar que os chefes sejam imperiosos, por sua liberdade e indulgência de vontade; corajosos, por sua exposição ao labor e ao perigo; desdenhosos dos homens, por sua própria supremacia; supersticiosos, pela influência do padre na família; extravagantes, pela constância de sua propriedade; vaidosos pela posição e distinção pessoal, pela ausência de atividades desconectadas de si mesmo; e hospitaleiros, em parte pela mesma razão e, em parte, pelo fato de sua própria hospitalidade ser o único meio de satisfazer suas inclinações sociais.

O clero será cortês, subserviente, estudioso ou indolente, de bom coração, efeminado, com forte tendência ao orgulho espiritual e amor ao domínio espiritual. Será surpreendente, também, se eles não forem levados à infidelidade pela credulidade de seus discípulos.

As mulheres serão ignorantes e supersticiosas por falta de uma educação ampla; corajosas, pela presença ou promessa frequentes de perigo; eficientes, pela pequena divisão de trabalho que é praticável na supervisão da família; de temperamento instável e dadas a intrigas, pela monotonia de suas vidas; devotadas a seus maridos e filhos, pela ausência de todos os outros objetivos importantes; e vaidosas de suas conquistas, pela ignorância do que ainda resta a ser alcançado.

Os servos devem ser ignorantes – fisicamente fortes e imponentes, talvez, mas de mente infantil e moral escrava. Sua reverência é idolatria – por seu senhor. As virtudes permitidas a eles são fidelidade, diligência, inclinação doméstica e sobriedade. É difícil ver quais outras são possíveis. Todos os seus defeitos se resumem na palavra barbárie.

Essas características podem ser estendidas às divisões da nação correspondentes àquelas da família, pois o soberano nada mais é do que um senhor feudal superior: seus nobres são um tipo mais exaltado de servos; e aqueles que são senhores em casa tornam-se escravos na corte. Em tal sistema, quem seria tão ousado a ponto de tratar a brutalidade de um servo, a astúcia de um padre, o preconceito de uma dama e a imperiosidade de um senhor como algo além dos resultados – inevitáveis e tristes – do estado da sociedade?

O feudalismo é fundado na força física e, portanto, mantém uma relação apenas com o passado. O direito começa na força, todas as relações sociais dos homens se originam na superioridade física. As ideias mais predominantes do período feudal derivam do passado; o que foi honrado há mais tempo é considerado o mais honrado; e a compreensão dos homens, não exercitada pelo aprendizado nem disciplinada pela sociedade e pela ação política, recai sobre o passado e ali repousa. As preferências e até as paixões do período feudal guardam uma relação com a Antiguidade. A ambição, prospectiva por sua própria natureza, possui, nesse caso, um forte caráter retrospectivo. A glória que o descendente herda de seus pais, ele anseia transmitir. O passado é tudo: o futuro, exceto na medida em que se assemelha ao passado, não é nada.

Essas, com algumas modificações, têm sido as ideias, preferências e paixões predominantes no mundo civilizado até recentemente. O estado oposto da sociedade, que começa a ser concretizado, engendra ideias predominantes e, portanto, virtudes e vícios predominantes de caráter oposto.

À medida que o comércio se desenvolve, que surgem outras profissões além da clerical, que o comércio se torna lucrativo, que as cidades crescem em importância, que a comunicação melhora, transformando aldeias em cidades e vilarejos em aldeias, e os negócios das comunidades centrais se espalham pela região, as classes mais baixas ascendem, os senhores perdem muito de sua importância, o valor dos homens por suas qualidades intrínsecas é descoberto e esses homens assumem a liderança na administração dos negócios de seus concidadãos. Em vez de tudo ser feito por ordens emanadas de um poder central – comandos que impõem uma vontade imperiosa e que recebem de volta obediência cega –, os assuntos sociais começam a ser administrados pelas cabeças e mãos das partes imediatamente interessadas. Institui-se o autogoverno nos assuntos municipais; e, onde quer que isso aconteça, é provável que ele seja adotado em regiões cada vez mais amplas, até que todo o governo da comunidade seja desse tipo. Os Estados Unidos são os exemplos mais notáveis, no mundo atual, do reverso do sistema feudal – seus princípios, seus métodos, suas virtudes e vícios. Em relação aos americanos retomarem o passado em ideias e preferências, isto pode ser atribuído ao fato de a transição ainda não ter sido aperfeiçoada, uma vez que a geração que organizou a república foi educada em meio às ruínas do feudalismo. Ainda há americanos que se vangloriam de ancestrais cujo *status* deriva mais em razão do nascimento do que do mérito; que, ao falar de posição social, têm ideias de origem em suas mentes e suas preferências residem no passado. Assim será enquanto a literatura mundial respirar o espírito das eras passadas e amenizar a transição para um estado social oposto. Uma nova literatura e novos modos de pensar, que apontam cada vez mais para o futuro, surgem todos os dias. Já temos registros do estado imediato das mentes e fortunas dos homens e das comunidades, e não poucas especulações que se estendem para o futuro distante. A cada ano admite-se mais amplamente que o poder moral é mais nobre do que a força física; há mais seriedade nas conferências das nações e menos propensão à guerra. As mais altas criações da própria literatura, embora produzidas há muito tempo, são agora descobertas como tendo uma relação tão próxima com o futuro quanto com o passado. Elas são atemporais, sobrevivendo a todas as mudanças. Como pilares de luz nas regiões obscuras da Antiguidade, elas transpõem o amanhecer e permanecem diante de nós, lançando suas sombras aos nossos pés como guias para o futuro fascinante. Um exemplo preeminente é o livro, que nunca teve nenhum caráter retrospectivo nele. Ele nunca sancionou a força física, o orgulho de linhagem, valentia, influência ou qualquer outro orgulho. Nunca sancionou a divisão arbitrária de classes. Nunca enalteceu as virtudes do feudalismo em sua desconexão com outras virtudes; nunca poupou as falhas do feudalismo, por serem o produto necessário das circunstâncias feudais; tampouco agora enaltece e tolera as virtudes e vícios desenvolvidos pela democracia. Esse guia nunca se tornou obsoleto. Está à frente de todas as democracias existentes, como sempre esteve à frente de todos os despotismos. O fato é que, na medida em que todas as manifestações de notável força intelectual e moral têm uma qualidade imperecível, esse livro supremo não apenas possui um frescor imortal, como também não tem relação com o tempo: para ele, "um dia é como mil anos, e mil anos como um dia".

Quais são as virtudes e defeitos predominantes que devem ser procurados no futuro – ou naqueles países que representam um pouco do futuro, enquanto outros oferecem uma imagem enfraquecida do passado? Que concessões deve fazer o viajante na América? Quase precisamente o contrário das que ele faria na Rússia.

O luxo no interior das casas substitui os esportes ao ar livre – as artes mecânicas florescem com a ascensão das classes mais baixas e a valentia saiu de moda. A consequência disso é que o viajante vê a ostentação do luxo pessoal em vez de um séquito. No curso da transição para o tempo em que o mérito constituirá a mais alta reivindicação de *status*, a riqueza substitui a linhagem – mas, desde já, as reivindicações de riqueza cedem perante as do intelecto. O autor popular é mais respeitado do que o milionário nos Estados Unidos. Isso é admirável e promete uma graduação ainda melhor das hierarquias de classe. Onde a força moral é reconhecida como o força motriz da sociedade, parece seguir-se que a condição da mulher deve ser elevada; que novas oportunidades serão abertas a ela e uma disciplina mais ampla e mais forte será concedida a seus poderes. Não é assim na América; mas isso se deve à interferência de outras circunstâncias no funcionamento pleno dos princípios democráticos. A ausência de uma vontade aristocrática ou soberana impele os homens a encontrar alguma outra vontade na qual repousar sua fraqueza individual e à qual dirigir sua veneração humana. A vontade da maioria torna-se seu refúgio e lei tácita. Os poucos de mente livre resistem a essa vontade, quando ela se opõe à sua, e os muitos subservientes se sujeitam. Essa é considerada, portanto, a falha mais notória dos americanos. Sua subserviência cautelosa à opinião pública – sua falta de independência moral – é o pecado flagrante de sua sociedade. Mais uma vez, a igualdade social – em que a plenitude da vida é aberta a todos em uma república democrática, em que todo homem que tem força própria pode alcançar tudo que demande esse poder – apenas aumenta a importância de cada um aos olhos de todos; e a consequência é respeito e deferência mútuos, bem como ajuda mútua, que são, em si mesmas, virtudes elevadas e base de outras. Nelas, os americanos são versados e bem-sucedidos em um grau nunca atingido em nenhum outro país. Essa classe de virtudes constitui sua honra distintiva, sua graça suprema perante as nações. – A diligência e a engenhosidade são naturais quando o destino de cada homem está em suas próprias mãos. Em algumas democracias é possível que a hospitalidade e a caridade sem ostentação definhem; mas os americanos têm a riqueza de um país jovem e o entusiasmo de uma jovem existência nacional como estímulo e garantia para a liberalidade pecuniária de todo tipo. – A vaidade popular e a subserviência dos representantes políticos são os principais perigos que ainda devem ser mencionados; e provavelmente não haverá república, por muito tempo, onde elas não sejam encontradas na forma de vícios predominantes. – Se, em um sistema feudal, há um exercício saudável de reverência no culto aos ancestrais, no sistema oposto há o impulso não menos salutar e perpétuo de generosidade no cuidado com a posteridade. O primeiro foi, sem dúvida, uma influência benigna, moderando a aspereza e a violência do despotismo; a outra provará ser uma força edificante, elevando os homens acima do egoísmo pessoal e da subserviência mútua, que são os perigos que rondam os iguais que se unem no governo de sua vontade comum.

Qualquer que seja sua filosofia de caráter individual, o observador reflexivo não pode viajar, com sua mente desperta, sem admitir que não há dúvida de que o caráter nacional é formado, ou amplamente influenciado, pelas circunstâncias gigantescas que, não sendo o produto de nenhuma mente individual, são diretamente atribuíveis ao grande Governador Moral da raça humana. Cada ato sucessivo de pesquisa ou viagem irá impressioná-lo cada vez mais profundamente com esta verdade que, para o bem de sua própria paz e liberalidade, seria bom que ele carregasse consigo desde o início. Ele não visitará as pessoas experimentando qualquer ressentimento de censura por participar das falhas comuns. Ele considerará as virtudes e graças sociais como um sinal de honra em todos que as manifestam, do mais rico ao mais humilde. Ao mesmo tempo em que ele não se deixará levar pelo desprezo, ou por qualquer outra coisa senão uma leve compaixão, por qualquer depravação ou deformidade social que, sendo o resultado claro das circunstâncias e, em si mesma, uma circunstância, pode-se considerar certamente destinada a ser corrigida à medida que a sabedoria dos cidadãos, assim como a do indivíduo, cresce com seu crescimento e se fortalece com sua força.

Capítulo II
Requisitos morais

Eu respeito o conhecimento, mas não
desprezo a ignorância. Eles apenas
pensam como seus antepassados
pensavam, cultuam como eles
cultuavam. Nada além disso.
Rogers

Ele estava atento
A toda alegria aonde quer que ele fosse,
E a todo sofrimento.
Wordsworth

O viajante, provido dos requisitos filosóficos para a observação da moral e dos costumes:

Primeiro – com clareza acerca do que ele deseja saber.

Segundo – com princípios que possam servir como ponto de referência e teste para suas observações.

Terceiro – com, por exemplo, uma noção filosófica e precisa, ao invés de uma noção popular e vaga, sobre a origem dos sentimentos humanos em relação ao que é certo e errado.

Quarto – e com uma convicção firme de que as virtudes e os vícios predominantes são resultado de influências gerais gigantescas, ainda não está preparado para seu objetivo, caso ele ainda não disponha de certos requisitos morais.

Um observador, para ser perfeitamente preciso, deve ser ele mesmo perfeito. Todo preconceito, toda perversão moral, obscurece ou distorce tudo o que o olho contempla. Mas como não esperamos ser perfeitos antes de viajar, devemos nos contentar em descobrir o que tornaria nossa tarefa inútil, de modo a não fazê-lo, e como podemos nos colocar em condições de verdadeiramente aprender pelo menos alguma coisa. Não podemos, de repente, nos tornar muito melhores do que já somos para uma tarefa como a observação da moral e dos costumes; mas, tendo clareza sobre o que de forma mais comum, ou mais grosseira, distorce a observação estrangeira, podemos colocar um freio em nossa disposição ao preconceito e levar conosco revigorantes de temperamento e ânimo que podem ser essenciais em nossa tarefa.

O observador deve ter empatia; e sua empatia deve ser geral e irrestrita. Se o viajante for um observador da geologia, ele pode ter um coração tão duro quanto as rochas que ele examina e ainda ser bem-sucedido em seus objetos imediatos; se for um estudante de belas-artes, ele pode ser tão silencioso quanto uma pintura e, ainda assim, alcançar seus objetivos; se for um pesquisador estatístico, ele pode ser tão abstrato quanto uma coluna de números e ainda descobrir o que deseja saber; mas um observador da moral e dos costumes estará sujeito a enganos a cada passo, caso ele não consiga acessar os corações e as mentes. Nada é mais verdadeiro do que o provérbio "Assim como a água reflete o rosto, o coração reflete quem somos nós". Para o viajante, há dois significados nesse sábio provérbio, ambos dignos de sua atenção. Ele significa que uma ação do coração encontrará uma ação correspondente, e que a natureza do coração encontrará uma natureza correspondente. Abertura e gentileza serão recebidas com abertura e gentileza: esta é uma verdade. Os corações, sejam eles generosos ou egoístas, puros ou grosseiros, alegres ou tristes, compreenderão e, portanto, tenderão a expor apenas suas preferências: esta é outra verdade.

Há o mesmo coração humano em todos os lugares – o crescimento universal da mente e da vida – pronto para se abrir ao sol da empatia, florescendo nos arredores das cidades e brotando onde quer que ele caia no deserto; mas fechando-se quando tocado pelo frio e definhando na escuridão. O Rei dos Elfos pode fingir de florista nos bosques e planícies dos trópicos tanto quanto um homem antipático pode descrever a sociedade. Tudo parecerá restolho e rigidez estéril a seus olhos.

Há o mesmo coração humano em todos os lugares; e, se o viajante tiver um coração bom, ele logo descobrirá isso, quaisquer que tenham sido seus medos, antes de partir, de obstáculos à sua empatia por diferenças de educação, de objetivos na vida etc. Não há lugar onde as pessoas não sintam sofrimento e prazer; onde o amor não seja a grande celebração da vida; onde o nascimento e a morte não sejam ocasiões emocionantes; onde os pais não se orgulhem de seus filhos homens; onde as mentes reflexivas não especulem sobre as duas eternidades; onde, em suma, não haja um terreno amplo no qual dois seres humanos possam se encontrar e dar as mãos, ainda que seus corações sejam pouco sofisticados. Se um homem não tem empatia, não há lugar no universo – nem um tão grande quanto a ponte de Maomé sobre o poço sem fundo – onde ele possa se encontrar com seu semelhante. Um homem assim realmente se debate no poço sem fundo, as sombras dos homens apenas passam por ele.

Mencionei essa história em outro lugar, mas vale a pena repeti-la – um comerciante americano, que havia feito várias viagens à China, fez uma observação em sua própria casa sobre a estreiteza que nos leva a concluir, declarada ou silenciosamente, que não importa quão bem os homens empreguem a luz que possuem, eles são nossos irmãos apenas em teoria, a menos que adotem a nossa religião, a nossa filosofia e os nossos métodos para alcançar ambos. Ele disse que sempre se lembrava, com entusiasmo, das conversas que tivera com seus amigos chineses sobre alguns dos temas mais abstratos e alguns dos assuntos práticos mais profundos e amplos, que seus concidadãos da Nova Inglaterra costumavam pensar ser um hábito apenas dos cristãos protestantes. As observações desse comerciante americano sobre a moral e os costumes orientais tiveram um peso incalculável depois de sua declaração, pois sabia-se que ele havia visto através dos corações, reconhecido os rostos e descoberto o que se passava nas mentes das pessoas, enquanto elas se ocupavam do ofício universal de garantir sua subsistência.

Caso o viajante não interprete com empatia aquilo que vê, não conseguirá entender a maior parte do que ele observa. Ele não terá liberdade de entrar nos recantos da vida doméstica; o comentário elucidativo sobre todos os fatos da vida – o discurso – será breve e superficial. As pessoas compartilharão com ele as coisas que menos lhes importam, em vez de buscar sua empatia pelos temas mais arraigados em seus corações. Ele será entretido com espetáculos públicos e informado de fatos históricos e cronológicos, mas ele não será convidado para casamentos e batizados; ele não ouvirá histórias de amor; as aflições domésticas serão mantidas em segredo para ele; os mais velhos não lhe contarão suas histórias, nem as crianças lhe incomodarão com sua tagarelice. Esse viajante estará tão apto a descrever a moral e os costumes do que ele estaria para descrever as minas de prata da Sibéria ao caminhar pela superfície e ver o portão de entrada e a mercadoria.

"O comportamento humano", diz um filósofo, "é guiado por regras". Sem essas regras os homens não conseguiriam viver juntos, e elas também são necessárias para a tranquilidade das mentes individuais. Robinson Crusoé não teria suportado sua vida por um mês sem regras para seguir. Uma vida sem propósito já é bastante desconfortável; mas uma vida sem regras seria um infortúnio que, felizmente, o homem não consegue tolerar. As regras que guiam a vida dos homens derivam principalmente das convicções universais sobre o certo e o errado que, como mencionei, estão presentes em todos os lugares, sob fortes influências gerais. Quando a emoção está associada a essas regras, elas se tornam religião; e essa religião é o espírito animador de tudo o que é dito e feito. Se o estrangeiro não consegue sentir empatia pela emoção, ele não consegue entender a religião; e, sem entender a religião, ele não é capaz de compreender o espírito das palavras e ações. Um estrangeiro que nunca teve nenhum interesse político particular e que não consegue simpatizar com o sentimento americano sobre a magnificência da igualdade social e a beleza do governo comum, nunca poderá compreender a religião política dos Estados Unidos; e as falas dos cidadãos em volta de suas lareiras, os discursos dos oradores nas prefeituras, as investiduras dos funcionários públicos e o processo de eleição, tudo soará vazio e estranho para ele. Ele ficará tentado a rir – a chamar o mundo ao seu redor de louco – como alguém que, sem ouvir a música, vê uma sala cheia de pessoas dançarem. O mesmo acontece com certos americanos que não têm simpatia por antiguidades e que pensam que nossos soberanos são loucos por irem a St. Stephen na carruagem real, com oito cavalos cobertos de adornos e uma horda absurda de soldados de infantaria. Parece-me um esforço de condescendência dizer a esses observadores que não deveríamos pensar em inventar carruagens e ornamentos desse tipo nos dias de hoje, como também não deveríamos pensar no uniforme dos alunos do Christ's Hospital[11]. Se um estrangeiro antipático fica tão perplexo por uma mera questão de organização externa – uma procissão real ou uma eleição popular – o que podemos esperar que ele pense daquilo que é muito mais importante, mais intrincado, mais misterioso – a vida comunitária e doméstica? Se ele desconhecer e não tiver nenhuma empatia pela religião dessas pessoas, ele aprenderia muito pouco sobre elas, mesmo que os telhados de todas as casas de uma cidade fossem transparentes para ele e ele pudesse observar tudo o que acontece em cada sala de estar, cozinha e quarto de bebê em um raio de 8 quilômetros.

Que cenas e ações estranhas essa pessoa deve pensar que existem no mundo! O que ele teria pensado do espetáculo visto no Haiti, quando Toussaint L'Ouverture agrupou seu exército negro diante de si, chamou treze homens das fileiras pelo nome e ordenou que se dirigissem a um determinado local para serem fuzilados imediatamente? O que ele teria pensado desses treze homens por cruzarem seus braços sobre o peito, inclinarem a cabeça em submissão e prestarem obediência instantânea? Ele poderia declarar Toussaint um déspota cruel e os treze homens uns tolos covardes, mas os fatos assumem um aspecto muito diferente para quem conhece as mentes dos homens. Era necessário, para o bem de uma sociedade que apenas recentemente se estruturava após o caos, não fazer distinção entre negros e outros insurgentes; e esses treze homens eram os líderes de uma revolta, sendo um deles o sobrinho de Toussaint. Isso explica a ação do general na ocasião. Quanto aos negros, o general

---

11. Tradicional escola pública britânica, fundada em meados do século XVI. Até os dias de hoje, os alunos ainda vestem o mesmo modelo de uniformes [N.T.].

era também o libertador – um objeto de adoração para as pessoas de sua cor. A obediência a ele era uma regra, exaltada por todo sentimento de gratidão, reverência, admiração, orgulho e amor, transformados em religião; e um haitiano daquela época ousaria confrontar uma ordem de Toussaint tanto quanto enfrentar um trovão ou um terremoto. O que um observador antipático pensaria da ceia pascal, tal como celebrada nas casas de hebreus em todo o mundo – do cuidado para não quebrar um osso do cordeiro, dos convidados todos de pé, dos homens vestidos como quem se prepara para uma jornada, e do caçula da casa invariavelmente perguntando o porquê de tudo aquilo? Do que o observador a chamaria senão de hipocrisia, caso ele não reconhecesse a tremenda emoção tradicional e religiosa envolvida no símbolo? – O que alguém assim pensaria da fuga apavorada de dois nobres espanhóis da ira de seu soberano, após terem salvado sua adorada rainha da morte ao cair de seu cavalo? Que enigma é esse – muito embora todos os fatos do caso sejam conhecidos – em que o rei estava em uma varanda, vendo sua rainha montar em seu cavalo andaluz; o cavalo deu um pinote, relinchou e saiu em disparada derrubando a rainha, cujo pé estava preso no estribo; em que ela estava cercada de cavalheiros que permaneceram distantes porque, pela lei da Espanha, era condenado à morte qualquer um, exceto seus pajens, que a tocasse, em especial o pé da rainha, e seus pajens eram jovens demais para resgatá-la; em que esses dois cavalheiros interviram para salvá-la; e, depois de agarrar o cavalo e soltar o pé da rainha, fugiram para salvar suas vidas da ira legítima do rei! De onde vem essa lei? Do preceito de que a rainha da Espanha não tem pernas. E de onde vem tal preceito? Da noção de que a rainha da Espanha é um ser sublime demais para tocar a terra. Aqui entendemos, finalmente, o sentimento leal de admiração e de veneração que consagra a lei e o preceito e que dá sentido ao incidente. Para um estrangeiro insensível, o episódio todo parece um mero absurdo pomposo e inútil na medida em que o perdão do rei foi concedido após intervenção imediata da rainha. Porém, para todos os espanhóis, o episódio – em todos os seus detalhes – estava tão distante do absurdo quanto o perigo dos dois nobres era real e premente. – Ou ainda, como um observador insensível poderia compreender a prática, quase universal, de celebrar o ato de dar um nome às crianças? O pai cristão realiza uma cerimônia na qual o bebê é admitido como um cordeiro do rebanho de Cristo; o pai chinês convoca seus parentes para testemunhar a atribuição primeiro do sobrenome e depois do "nome de leite" – algum diminutivo gracioso, usado apenas na infância; o muçulmano consulta um astrólogo antes de dar um nome a seu filho; o selvagem escolhe para seu filho um homônimo de algum animal ou pássaro, cujas qualidades características ele gostaria de atribuir a seus descendentes. Eis uma regra geral, transformada por um sentimento universal em um ato de religião! O ritual observado em cada caso é muito diferente, por um lado, para quem vê nele apenas uma maneira intricada de resolver uma questão de conveniência e, por outro, para quem enxerga nele a iniciação de um novo membro na família da humanidade e um desejo – uma tentativa de assegurar o destino futuro de um ser inconsciente e desamparado.

Isso se aplica a todo o campo de observação do viajante. Se ele tiver sensibilidade, tudo o que observar será instrutivo e as questões mais importantes se revelarão com mais clareza. Se ele não for empático, as coisas mais importantes lhe serão ocultadas e os símbolos (que abundam em todas as sociedades) serão apenas formas absurdas ou triviais. O estrangeiro será sensato ao concluir, quando vir alguma coisa feita com seriedade que lhe pareça insignificante ou ridícula, que há algo mais nisso do que ele é capaz de ver por alguma falta de conhecimento ou sentimento próprio.

A outra maneira pela qual o coração responde ao coração é óbvia demais para exigir uma longa reflexão. Os homens não apenas veem de acordo com a luz que emitem de si próprios – seja o sol da generosidade ou as chamas do inferno das paixões perversas –, mas também atraem para si espíritos como os seus. As mesmíssimas pessoas parecerão muito diferentes para um viajante que põe em prática todas as suas melhores qualidades e para aquele que tem afinidade com as piores: mas é uma consideração ainda mais importante que, na verdade, diferentes elementos da sociedade orbitarão em torno do observador de acordo com o ceticismo ou a fé de seu temperamento, a pureza ou a depravação de seus gostos e a elevação ou a insignificância de seus objetivos. Os americanos, um tanto irritados com a injustiça dos relatos de viajantes ingleses sobre seu país, propuseram, de brincadeira, hospedar no distrito londrino de Wapping uma mulher americana bem-nascida e temperamental, de gostos vulgares e maneiras grosseiras, e a contratarem para escrever um relato sobre a moral e os costumes ingleses a partir do que ela observasse morando um ano na localidade escolhida para ela. Isso não seria um grande exagero do processo de observação de estrangeiros que ainda impera.

O que os jogadores podem saber sobre os filantropos das sociedades pelas quais viajam? Ou o devasso sobre as condições reais da vida doméstica? O que o cético moral pode dizer sobre a profissão de fé religiosa ou filosófica em qualquer nação? Ou o comerciante sórdido sobre os tipos mais elevados de erudição intelectual? Ou o janota sobre a dimensão e o exercício da caridade? Pode-se dizer que o viajante filantrópico – o missionário – também só vê as coisas parcialmente por falta de "conhecimento do mundo"; que pessoas de hábitos sóbrios não aprendem nada sobre o que acontece nas profundezas morais da sociedade; e os bons são, na verdade, ridicularizados por sua ausência em muitas esferas da vida humana e sua suposta ignorância de muitos aspectos da natureza humana. Mas o certo é que a melhor parte da mente de todo homem é muito mais uma amostra de si mesmo do que a pior; e que, do mesmo modo, as características de uma sociedade devem ser traçadas por suas ideias e ações predominantes mais sábias e cordiais, em vez daquelas lamentáveis que são comuns a todos. Vigaristas, bêbados, pessoas de gostos vulgares e paixões perversas existem em todos os países e, em nenhum lugar, caracterizam uma nação; enquanto a reverência ao homem na América, a busca da verdade especulativa na Alemanha, a atividade filantrópica na França, o amor à liberdade na Suíça, a educação popular na China, a pureza doméstica na Noruega – cada uma dessas grandes belezas morais é uma estrela no semblante de uma nação. A bondade e a simplicidade são indissociavelmente entrelaçadas. Os maus são os mais sofisticados, em todo o mundo; e os bons, os menos. Pode-se tomar como regra que as melhores qualidades de um povo, assim como as de um indivíduo, são as mais características (o que é realmente *melhor* sendo avaliado não por preconceito, mas por princípio). O observador tem mais chance de apreender essas melhores qualidades quando as têm em si mesmo; e aquele que não as possui pode muito bem oferecer o retrato de uma metrópole apresentando um mapa de seus esgotos como a descrição de uma nação, após interagir com seus patifes e libertinos. Posicionar-se no cume mais elevado é a melhor maneira de obter uma visão geral precisa ao contemplar uma sociedade e uma cidade.

Capítulo III
Requisitos mecânicos

Ele viaja e divaga, como a abelha
De flor em flor, de lugar em lugar:
As maneiras, os costumes, a política, de
todos dos lugares,
Tudo soma às provisões que ele coleta.
The Task

Falando tu a minha língua, como
o fazes, e eu a tua, por maneira tão
errônea, forçoso é concordar que
estamos quites.
Rei Henrique V[12]

Nenhuma aptidão filosófica ou moral qualificará um viajante para observar um povo se ele não eleger um modo de viagem que lhe permita ver e conversar com um grande número e variedade de pessoas. Um embaixador não tem chance de aprender muito sobre as pessoas que ele visita em qualquer lugar que não seja um país novo como os Estados Unidos. Enquanto ele está de passagem, sua aparência é imponente demais para permitir qualquer familiaridade com as pessoas ao longo do caminho. Suas carruagens poderiam muito bem atraves-

---

12. Trecho da obra *A vida do Rei Henrique V*, de Shakespeare. Disponível em shakespearebrasileiro.org – sem créditos à tradução [N.T.].

sar uma cidade dos mortos, dado o que ele aprenderá de sua interação com os vivos. A situação não é muito diferente quando uma família ou um grupo de amigos viaja junto pelo continente[13], delegando os afazeres da expedição a criados e evitando interações em qualquer ocasião social, com a timidez ou o orgulho dos ingleses.

O comportamento dos ingleses no continente se tornou uma questão de consequências muito sérias para os mais bem-informados e bem-educados de seus compatriotas, como há muito tem sido para os nativos das sociedades eles visitam. Já ouvi cavalheiros dizerem que perdem metade do prazer de ir para o exterior pela frieza e timidez com que os ingleses são tratados; uma frieza e timidez que eles consideram totalmente justificada dada a conduta de seus predecessores em viagem. Ouvi senhoras afirmarem que têm grande dificuldade de interagir com outras pessoas nos restaurantes; e que, quando conseguem, recebem um pedido de desculpas pela relutância em conversar, com a explicação de que os viajantes ingleses geralmente "parecem não gostar de serem incomodados", de tal modo que se torna uma questão de civilidade deixá-los sozinhos. Os arranjos de viagem dos ingleses parecem projetados para excluí-los da companhia das pessoas que eles visitam; e excluem a possibilidade de estudar a moral e os costumes, de uma maneira completamente ridícula para pessoas de temperamento e hábitos mais sociais.

Muito pode ser aprendido a bordo de barcos a vapor e em veículos como as diligências americanas; e quando acomodações desse tipo se tornarem comuns, será difícil para o inglês mais mal-humorado evitar admitir algumas ideias em sua cabeça a partir das conversas e ações dos grupos ao seu redor. Quando os barcos a vapor navegam com familiaridade pelo Rio Indo, e temos a estrada

---

[13.] Leia-se, Europa continental [N.T.].

de ferro para Calcutá, sobre a qual as pessoas fazem piada, e outra atravessando os Pampas; quando viajamos para a Nova Zelândia, sem falar em percorrer a costa oeste da África – lugares onde devemos ir porque está na moda e não podemos ir encaixotados em uma carruagem fabricada em Long Acre – nossos compatriotas irão, forçosamente, dialogar com as pessoas que encontrarem e podem ter a chance de se livrar da insociabilidade pela qual são conhecidos e que lança um véu sobre seus corações e rostos e uma sombra sobre seu próprio caminho, onde quer que estejam.

Entretanto, o viajante mais sábio e feliz é o pedestre. Se cavalheiros e damas querem ver pinturas, deixe-os ir para Florença e, no caminho, se contentarem em aprender o que puderem pelas janelas. Mas se eles quiserem ver paisagens ou pessoas, todos aqueles que têm força e coragem vão a pé. Eu prefiro, inclusive, do que ir a cavalo. Um cavalo é uma preocupação e um problema. Algo certamente o agitará; e a pessoa fica mais preocupada com o bem-estar do cavalo do que com o seu próprio. O viajante pedestre é totalmente livre de preocupações. Não há homem mais livre na terra do que ele ao viajar. Seu grau de esforço, geralmente, depende apenas de sua própria escolha – em qualquer região civilizada. Ele pode seguir viagem e parar quando quiser: caso tenha um acesso de indolência, ele pode permanecer um dia ou uma semana em qualquer lugar que lhe agrade. Ele não atravessa uma bela paisagem quase sem tempo de vê-la. Ele não é atormentado pela ideia de que sempre, mais adiante, ele poderia ver algo ainda melhor, basta ele chegar até lá. Ele pode ir a quase qualquer lugar por onde seus desejos vagueiem. É indescritível o prazer de dizer a si mesmo: "Eu vou para lá" – "Vou descansar acolá" – e em seguida fazê-lo. Ele pode se sentar em uma pedra no meio de um riacho quantas vezes quiser durante o dia. Ele pode ir atrás de uma cachoeira seguindo o seu som; um som que as rodas da carruagem impedem que outros viajantes ouçam. Ele pode seguir por qualquer senda convidativa, em qualquer floresta. Não há um tapete de musgo ao pé de uma árvore centenária no qual ele não possa se sentar, se ele quiser. Ele pode ler por uma hora sem medo de passar por algo despercebido enquanto seus olhos estão fixos em seu livro. Seu alimento é bem-vindo, não importa sua qualidade, enquanto ele o come sob os amieiros em algum recanto de um riacho. Ele tem o sono tranquilo, mesmo que seu aposento seja imundo; e quando, ao acordar, seus olhos pousam em sua mochila, seu coração salta de prazer ao se lembrar onde está e o dia que o espera. Até o clima parece ter menos importância para o pedestre do que para os outros viajantes. O trajeto de um pedestre pressupõe abundância de tempo, de modo que o viajante pode descansar nas vilas nos dias de chuva e à sombra de um bosque nas horas de sol forte. Caso prefira não esperar pela chuva, não é o mesmo problema para ele como seria nas cidades e nas atividades de negócios. O único problema da chuva que eu conheço, para pessoas saudáveis e ativas, é que ela estraga as roupas; e as roupas de um viajante pedestre geralmente não são de qualidade estragável. A chuva não deforma o aspecto de tudo, como acontece em uma cidade. Ela pode acrescentar um novo aspecto de beleza, por exemplo, a um bosque, às montanhas, às paisagens de lagos e oceanos. Eu me lembro de um turista pedestre, bem-disposto e alegre, que encontrávamos com frequência entre as Montanhas Brancas de New Hampshire e que sempre nos parecia a companhia mais animada à noite, no restaurante do hotel, e a mais alegre no café da manhã. Ele levou a melhor um dia, quando passamos por ele no desfiladeiro de Francônia[14], depois que uma

---

14. Região da Alemanha, ao norte do Estado da Baviera [N.T.].

chuva forte havia começado a cair. Estávamos amontoados em uma carroça que parecia prestes a se encher de água antes de chegarmos ao nosso destino; e parecíamos bastante miseráveis, encharcados e com frio. O viajante caminhava pela estrada rochosa, seu livro seguro em sua capa plástica e sua mochila de roupas igualmente protegida; seu rosto brilhava e reluzia pelo exercício físico e sua jaqueta de verão de linho parecia, como ele nos disse, ainda mais agradável completamente molhada. Ao atravessar cada fenda do desfiladeiro, ele sempre olhava para cima para ver a chuva saindo fumegante por entre as fissuras das rochas; e quando ele chegou na passagem por onde deveria descer para a planície, ele parou para observar a faixa de luz amarela úmida que se estendia ao longo do céu no Ocidente, onde o sol acabara de se pôr. Ele parecia tão feliz quanto nos outros dias. Às vezes, passávamos por ele deitado na encosta de uma colina; às vezes, conversando com uma família na porta de uma casa de madeira; às vezes, lendo enquanto caminhava sob a sombra da floresta. Eu mesma, muitas vezes, desejei dispensar nosso coche ou carruagem e seguir seu exemplo.

Uma vantagem peculiar de viajar a pé é o prazer de uma aproximação gradual a lugares famosos ou belos. A cada curva, a estrada fica mais cativante; todo objeto que se vê parece ter algum sentido de iniciação; e quando o próprio objeto finalmente aparece, nada pode superar o prazer de lançar-se ao chão para desfrutar da primeira impressão e fazer uma pausa deliciosa antes da conquista final. Não é a mesma coisa querer que seu motorista estacione quando você chega ao ponto de interesse. A primeira vez que eu senti isso foi em uma viagem a pé pela Escócia, em uma jornada longa para ver as montanhas. Eu e minha companhia não parávamos de pensar em Dunkeld como um lugar de grande beleza e nosso primeiro local de descanso nas montanhas. A sensação foi crescendo durante toda a manhã. Homens, casas e árvores pareciam se tornar diminutos – uma impressão irresistível para os iniciantes em paisagens montanhosas: a estrada começou a seguir as curvas do Rio Tay, um sinal de que a planície estava se estreitando em um desfiladeiro. Ao lado de um açude, numa margem verde desse desfiladeiro, nós jantamos; havia um trecho de charco adiante e nós o atravessamos tão revigorados e alegres que não percebemos que estávamos chegando ao fim dos nossos 28 quilômetros, embora ainda cientes de que o espírito das montanhas pairava sobre nós. Estávamos totalmente distraídos, conversando, quando uma curva da estrada nos trouxe à vista a linda paisagem conhecida por todos os que chegam a Dunkeld pela estrada de Perth. Mal podíamos acreditar que havíamos chegado *lá*, tão rápido. Consultamos nosso mapa e nosso guia e descobrimos que estávamos na floresta de Birnam; que podíamos ver a colina de Dunsinane e que aquela era, de fato, a velha torre da Catedral de Dunkeld que se erguia tão grandiosamente por entre as faias atrás da ponte. Ficamos um longo tempo contemplando e admirando a paisagem, como eu nunca havia desfrutado da janela de uma carruagem. Se foi assim com um objetivo tão pequeno e fácil de alcançar como Dunkeld, qual deve ser a sensação de ver pela primeira vez os misteriosos templos que

> "Ficam entre as montanhas e o mar; monumentos formidáveis, mas não sabemos a quem!" ...ou observar do alto, ao nascer do sol, o Rio Cédron e o Vale de Josafá!

O mais importante para o nosso presente propósito, no entanto, é a consideração das facilidades oferecidas pelo deslocamento a pé para conhecer as pessoas. Todos nos lembramos das viagens de Goldsmith[15] com sua flauta, sua simpatia, a cordialidade de seu coração e de seus costumes, e sua confiança na hospitalidade das pessoas do campo. Um viajante como ele não é obrigado a se limitar às pessoas que ele encontra ao longo da estrada principal; ele pode embrenhar-se nos recônditos do país e adentrar o vilarejo entre as colinas e as propriedades pela rua e, às vezes, passar um dia com o pastor e seu rebanho nas colinas; ele pode permanecer onde há uma festividade e esclarecer muitas questões, transferindo a conversa de um dia para as interações do outro, com um novo grupo de pessoas; ele pode obter acesso a quase todas as classes de pessoas e aprender as opiniões delas sobre suas próprias questões. Suas oportunidades são inestimáveis.

Tratando-se de quem poderia aprender mais sobre a moral e os costumes por meio de viagens – o cavalheiro talentoso em filosofia e erudição, procedendo em sua carruagem e acompanhado de um guia, ou um singelo turista pedestre, munido apenas do idioma, com um coração aberto e maneiras francas – eu não teria dúvidas de que o pedestre voltaria mais familiarizado com seu objeto do que o outro. Se o erudito e filósofo abastado pudesse tornar-se um cidadão do mundo nesse momento e sair a pé, sem preocupar-se com o luxo, tolerante com o cansaço e sem medo da solidão, ele não apenas pertenceria à mais alta ordem de turistas, mas também contribuiria ao mais elevado tipo de ciência; e se familiarizaria com o que poucos conhecem – os melhores prazeres, transitórios e permanentes, da viagem. Aqueles que não podem seguir este método serão mais bem-sucedidos deixando de lado a pompa, conversando com as pessoas com quem se encontrarem e desviando da estrada principal tanto quanto possível.

[15.] Referência a Oliver Goldsmith, escritor, dramaturgo e poeta de origem irlandesa [N.T.].

Nada precisa ser dito sobre uma questão tão óbvia quanto a necessidade de entender a língua das pessoas visitadas. Alguma familiaridade com o idioma deve ser obtida antes que se possa fazer qualquer outra coisa. Parece indiscutível, no entanto, que grande parte da insociabilidade dos ingleses no exterior se deve não tanto ao desprezo por seus vizinhos, mas ao orgulho natural que os faz hesitar em tentar aquilo que não sabem fazer bem. Tenho certeza de que expressamos muito menos do que sentimos sobre o constrangimento e a limitação dos nossos primeiros passos em uma língua estrangeira. É impossível que alguém não sinta o peso da recriminação por prestar-se ao ridículo a cada passo, e por oferecer uma espécie de falsa aparência de si mesmo a todos com quem conversa. Um cavalheiro alemão nos Estados Unidos – que possui justamente aquele grau certo de respeito próprio que o fez empenhar-se com vigor em aprender inglês, do qual ele não entendia uma palavra e que passou a dominar tão bem a ponto de lecionar em um inglês impecável ao final de dois anos – certo dia surpreendeu um grupo de amigos, convencidos de que o conheciam perfeitamente e que o fluxo suave e deliberado de sua linguagem encantadora era consequência de seu temperamento calmo e do caráter filosófico de sua mente. Uma mulher alemã com seus filhos veio a casa pedir esmolas no momento em que a festa desfrutava da sobremesa. O professor identificou seu sotaque assim que a porta da sala de jantar se abriu; ele correu para o corredor, voltou para pegar um prato ou dois e despejou os biscoitos e outros elementos da sobremesa no colo dela. Os convidados saíram para acompanhar a cena e viram o professor transformado; ele falava com uma rapidez e veemência que eles nunca imaginaram que ele fosse capaz; e uma das pessoas presentes me disse que ela sentiu muita pena, e sente desde então, ao pensar no estado de dissimulação involuntária em que ele vivia entre aqueles que supostamente o conheciam tão bem. Certamente, a diferença de idioma é causa de grande sofrimento e dificuldade, dados os seus usos extraordinários e incalculáveis. Isso apenas confirma a regra geral de que todo bem maior envolve algum mal.

Felizmente, contudo, essa dificuldade já pode ter sido superada a ponto de não interferir no objetivo de observar a moral e os costumes. Embora seja impossível alcançar uma expressão adequada de si mesmo em uma língua estrangeira, é fácil para a maioria das pessoas aprender a entendê-la perfeitamente quando falada por outros. Nesse processo, um erro comum e quase inevitável é atribuir um significado muito solene e profundo ao que é dito em uma língua estrangeira. Por um lado, isso se dá pelo fato de nosso primeiro contato com o idioma ter sido nos livros; e, por outro, pelo significado ter sido apreendido com esforço e aparentar, por associação natural, valer o sacrifício. Os primeiros diálogos em francês que uma criança aprende parecem ter um significado mais eloquente do que a mesma fala teria em inglês; e um estudante de alemão encontra uma grandeza nas obras de Schiller e nas parábolas de Herder e Krummacher, que ele procura em vão quando é fluente no idioma. É bom ter isso em mente ao ingressar pela primeira vez em uma sociedade estrangeira, ou o viajante pode se ver entesourando bobagens e valorizando meras trivialidades porque elas vieram vestidas, a seus olhos, com o mistério de uma língua estranha. Ele será como o manco Jervas[16] quando saiu pela primeira vez da mina onde nasceu, acariciando as ervas daninhas que colhera à beira da estrada e recusando-se, até o último momento, a se desfazer daquelas coisas

---

[16.] Referência ao personagem de Maria Edgeworth no conto de mesmo nome, *Lame Jervas* [N.T.].

tão maravilhosas e belas. O viajante inexperiente não apenas vê algo de misterioso, pitoresco ou tradicional em todo objeto com que se depara ao cruzar a fronteira, dos brinquedos infantis aos palácios e festividades, mas também é capaz de enxergar sabedoria e solenidade em tudo o que lhe é dito, da saudação do senhorio às especulações do político. Se não for evitada, essa tendência natural poderá, em maior ou menor grau, contaminar as primeiras impressões do observador e introduzir algo de ridículo em seu registro delas.

Da reflexão sobre os requisitos da observação no próprio viajante, passaremos agora a apontar o que ele deve observar para aprender sobre a moral e os costumes estrangeiros.

PARTE II
O QUE OBSERVAR

Nous nous en tiendrons aux mœurs,
aux habitudes extérieures dont
se forme, pour les differentes
classes de la société, une sorte
de physionomie morale, où se
retracent les mœurs privées.
De Jouy

Sempre causa assombro a uma pessoa inexperiente que os estudantes de determinadas classes de fatos possam se aprofundar tanto em um único ramo de investigação. Relate a um homem desinformado os resultados diários do estudo dos restos fósseis e ele perguntará como o estudante é capaz de saber o que aconteceu no mundo antes da criação do homem. Um homem inconsciente se surpreenderá ao ouvir as afirmações sobre a condição da nação inglesa possibilitadas apenas pelo estudo da administração das *Poor Laws* desde a sua origem. Alguns fisionomistas concentram sua atenção em um único aspecto do rosto humano e podem interpretar com bastante precisão o caráter geral da mente a partir dele; e eu acredito que todo pintor de retratos se apoia principalmente em um traço para a fidelidade de suas imagens, e dedica mais estudo e cuidado nele do que em qualquer outro.

Muitas características compõem a fisionomia de uma nação; e quase nenhum viajante está qualificado para estudar todas elas. Raras vezes o mesmo homem é suficientemente esclarecido para investigar, ao mesmo tempo, a religião de um povo, as suas noções morais gerais, o seu estado doméstico e econômico, a sua condição política e a realidade de seu progresso – todos elementos necessários para uma compreensão plena da sua moral e de seus costumes. Poucos sequer arriscam uma investigação dessa grandeza. Pior ainda, são poucos que desejam dedicar-se ao estudo de qualquer aspecto da sociedade. A essa altura já teríamos amplo conhecimento das nações se cada viajante inteligente tivesse se esforçado a delinear alguma área de investigação moral, por mais restrita que fosse; mas, em vez disso, as observações que nos são oferecidas são quase sempre aleatórias. O viajante ouve e registra o que diferentes pessoas dizem. Se as declarações de três ou quatro delas concordarem a respeito de qualquer tema, ele mantém alheio à dúvida e o assunto está resolvido. Se elas discordam, ele fica perplexo, não sabe em quem acreditar e toma uma decisão, provavelmente, com base em suas próprias suposições.

De todo modo, a circunstância é quase sempre ruim. Ele ouvirá apenas um lado de cada questão caso ele interaja com apenas uma classe de pessoas – como os ingleses na América, por exemplo, que levam consigo cartas de apresentação dos comerciantes de seu país para os comerciantes nas cidades marítimas e não ouvem nada além de política federal e não veem nada além de costumes aristocráticos. Eles voltam para casa com noções que eles supõem serem indiscutíveis sobre a grande questão dos bancos, a situação dos partidos e as relações entre os governos nacional e estadual; e com palavras na boca cujo caráter questionável eles ignoram – a respeito das pessoas comuns, do governo das massas, da usurpação dos ricos pelos pobres, e assim por diante. Essa interação limitada é fatal para as observações de um viajante; mas, no momento, ela é menos desconcertante e sofrida do que o processo mais correto de circular entre diferentes grupos de pessoas e ouvir o que todos têm a dizer. Nenhum viajante nos Estados Unidos aprenderá muito sobre o país sem conversar igualmente com agricultores e comerciantes, com artesãos e políticos, com aldeões e fazendeiros; mas, ao cumprir essa tarefa, ele ficará tão confuso com a contradição de afirmações e convicções que, muitas vezes, largará seu caderno em um estado de ceticismo quanto à existência de qualquer verdade que resplandeça firme por trás de toda essa tempestade de opiniões. Isso acontece com o estrangeiro que atravessa as ruas de Varsóvia e ouve os lamentos de alguns dos enlutados indignados que permanecem em suas habitações; depois, ele vai para São Petersburgo e é apresentado a evidências da iluminação do czar, de sua humanidade, de sua afeição paternal por seus súditos e de sua superioridade geral em relação à sua época. Em Varsóvia, o viajante o chamou de canalha; em Petersburgo, ele é obrigado a declará-lo um filantropo. O julgamento é problemático, portanto, quando ele se baseia no testemunho de indivíduos. Investigar os fatos sobre a condição de um povo por meio do discurso dos indivíduos é um esforço inútil. Na verdade, já começou pelo lado errado.

O grande segredo de uma investigação acertada da moral e dos costumes é começar pelo estudo das COISAS, usando o DISCURSO DAS PESSOAS como um comentário sobre elas.

Embora os fatos buscados pelos viajantes se relacionem com pessoas, eles podem ser facilmente apreendidos com o estudo das coisas. A eloquência das instituições e dos registros, nos quais a ação da nação é corporificada e perpetuada, é mais abrangente e mais fiel do que a de qualquer conjunto de vozes individuais. A voz de todo um povo se revela no funcionamento silencioso de uma instituição; a condição das massas se reflete na superfície de um arquivo. As instituições de uma nação – políticas, religiosas ou sociais – oferecem ao observador provas de suas capacidades e necessidades, que o estudo dos indivíduos não seria capaz de produzir no curso de uma vida. Os registros de qualquer sociedade, sejam eles quais forem – vestígios arquitetônicos, epitáfios, registros cívicos, músicas nacionais ou qualquer outra das milhares de manifestações da mente comum encontradas em todos os povos –, fornecem mais informações sobre a moral em um dia do que conversar com as pessoas por um ano. Os costumes também devem ser julgados da mesma maneira, uma vez que nunca houve uma sociedade, nem mesmo um convento ou um assentamento morávio, que não incluísse uma variedade de costumes. Deve-se buscar por indicações gerais, ao invés de formular generalizações a partir dos costumes individuais. Nas cidades há muitas reuniões sociais? Quais são seus propósitos e caráter? Elas são mais religiosas, políticas ou festivas? Se forem religiosas, elas se assemelham mais à Semana Santa em Roma ou a uma reunião campal em Ohio? Se forem políticas, o povo se reúne em planícies vastas para adorar o Sol do Império Celestial, como na China; ou nas prefeituras, para reclamar com seus representantes, como na Inglaterra; ou em lugares secretos, para minar o trono de seus governantes, como na Espanha? Caso sejam festivas, elas se parecem mais ao carnaval italiano, onde todos se divertem; ou a um feriado egípcio, quando todos os olhos se fixam solenemente nos Dervixes Rodopiantes? Há mulheres lá? Em que proporção e com qual liberdade? Quais são as diversões populares? Há uma diferença clara entre a ópera em Milão, o teatro em Paris, uma tourada em Madri, uma feira em Leipzig e um encontro literário em São Petersburgo. – Nas cidades do interior, como se dá a imitação da metrópole? Os provincianos copiam mais a aparência, a ciência ou as belas-artes? – Nas aldeias, quais são as diversões populares? As pessoas se reúnem para beber, ler, conversar, jogar ou dançar? Como são os estabelecimentos públicos?[17] As pessoas comem frutas e contam histórias?

---

17. No original, "*public houses*", expressão mais conhecida pela derivação *pubs* e ge-

Ou bebem cerveja e conversam sobre política, ou pedem um chá e caminham juntas? Ou tomam café e jogam dominó? Ou limonada, enquanto se divertem com a revista *Punch*? Elas se aglomeram entre quatro paredes, ou se reúnem sob a sombra de uma árvore, ou se espalham pelo campo de críquete ou pelas areias amarelas? – Há uma enorme diferença entre as classes mais humildes de diversos países quanto entre as classes superiores. Um enterro escocês é completamente diferente das cerimônias funerárias entre os cingaleses; e um sepultamento na Igreja grega não se assemelha a nenhum dos dois. Um conclave dos *White Boys*[18] no Condado de Mayo, reunidos em um casebre de barro em um pântano para trocar juras de seu importante compromisso, é muito diferente de um conclave semelhante de insurgentes suíços reunidos entre os pinheiros numa encosta íngreme com o mesmo tipo de missão; e ambos em nada se parecem com os heróis da última revolução em Paris, ou com as companhias de *Covenanters*[19] que costumavam se reunir, sob a pressão de circunstâncias semelhantes, nos desfiladeiros das montanhas escocesas. – Nos costumes de todas as classes, da mais alta à mais baixa, as suas formas são reforçadas na prática ou desdenhadas em palavras? Há uma liberdade bárbara nas classes mais baixas e formalidade nas classes superiores, como nos países recém-fundados? Ou todos evoluíram juntos para aquele período de civilização refinada, em que a naturalidade suplantou tanto a liberdade do campesinato australiano quanto a

---

ralmente associada a bares – optou-se aqui pela tradução literal para incluir outros tipos de estabelecimento, como sugere a própria sequência do texto [N.T.].

18. Organização agrária subversiva que promoveu rebeliões de camponeses por direitos sobre a terra na Irlanda na segunda metade do século XVIII [N.T.].

19. Movimento religioso e político escocês do século XVII, em apoio à Igreja Presbiteriana da Escócia e à primazia de seus líderes [N.T.].

etiqueta da corte de Ava?[20] – Quais são os costumes dos profissionais da sociedade, desde o advogado ou médico eminente da metrópole até o barbeiro da aldeia? Os costumes da grande massa de profissionais devem revelar muitas das exigências da sociedade a que eles servem. – O mesmo pode ser dito de todas as circunstâncias relacionadas ao governo da sociedade: seu caráter – seja ele servil ou livre, miserável ou próspero, abrangente ou limitado em suas funções – deve revelar os desejos e os hábitos e, portanto, os costumes de uma comunidade, melhor do que o discurso ou o comportamento de qualquer indivíduo na sociedade é capaz de fazer. Um viajante que tenha tudo isso em mente dificilmente se equivocará. Tudo o que ele observa o instruirá, de um aqueduto a uma tigela, de uma penitenciária a um viveiro de aves, da estrutura de uma universidade até a mobília de uma cervejaria ou de um quarto de bebê. Quando descobriram que os chefes dos peles-vermelhas[21] não se impressionavam com nenhuma noção da civilização dos brancos, apesar de tudo o que muitos homens brancos lhes disseram, eles foram levados para as cidades dos brancos. A exibição de um navio foi suficiente para alguns. Os guerreiros das planícies eram orgulhosos demais para expressarem o seu assombro; nobres demais para insinuarem, mesmo uns aos outros, o seu medo; mas a transpiração corria em suas sobrancelhas enquanto eles olhavam em silêncio, e nenhuma palavra de guerra passou por seus lábios desde então. Outro, que ouvia com indiferença as histórias de comerciantes orgulhosos em território selvagem, foi tirado de sua apatia ao ver um operário em uma vidraçaria colocar a alça

---

20. Antiga capital na região central de Mianmar (Birmânia), ocupada por diferentes dinastias entre os séculos XII e XIX [N.T.].

21. No original, *"red men"* [N.T.].

em uma jarra. Ele rompeu seu silêncio e reserva: ele agarrou a mão do operário, exclamando que estava claro, agora, que ele havia presenciado o Grande Espírito. Pela evidência das coisas, esses nativos aprenderam mais sobre os costumes dos brancos do que jamais lhes fora ensinado pelo discurso. – Quem de nós não aprenderia mais sobre os costumes dos habitantes de Pompeia em uma caminhada matinal entre as relíquias de suas residências e salões públicos do que nos encontros noturnos com alguns de seus fantasmas?

A divisão escolástica comum da moral é entre moral individual, doméstica e moral social ou política. Os três tipos são, contudo, tão propensos a se sobreporem – tão praticamente inseparáveis – que o viajante pode achar essa distinção menos útil para ele do que outras que possa criar ou adotar.

Na minha perspectiva, a moral e os costumes de uma nação podem ser incluídos nas seguintes áreas de investigação: a religião de um povo; suas noções morais predominantes; seu estado doméstico; sua noção de liberdade; e seu progresso, real ou prospectivo.

Capítulo I
Religião

Dieu nous a dit, Peuples,
je vous attends.

De Beranger

Existem três tipos de religião, em seu sentido mais amplo (o sentido em que o viajante deve reconhecê-la); nem sempre eles são distinguíveis em seus detalhes, mas possuem características gerais diferentes: a saber, o licencioso, o asceta e o moderado. Esses tipos não se distinguem uns dos outros pelas fronteiras das seitas. Não podemos afirmar que as religiões pagãs estão em uma categoria, o islamismo em outra e o cristianismo em uma terceira. A diferença não reside na crença, mas no espírito. Muitos pagãos são tão moderados quanto qualquer cristão; muitos cristãos tão licenciosos quanto qualquer pagão; muitos muçulmanos tão licenciosos, e muitos tão ascetas, quanto qualquer pagão ou cristão. A distinção mais verdadeira parece ser a de que as religiões licenciosas do mundo cultuam a natureza não espiritualizada – os objetos materiais e seus movimentos – e as paixões primitivas do homem; o asceta rejeita a natureza e cultua suas repressões artificiais; e o moderado cultua a natureza espiritualizada – Deus e sua obra, tanto no universo material quanto na mente humana disciplinada, com suas afeições controladas.

A religião licenciosa é sempre ritual. Seus deuses são personificações dos fenômenos naturais e das paixões humanas; e, uma vez atribuído a eles o poder de fazer o bem ou o mal, surge a ideia de propiciação e inicia-se um culto ritual. Terremotos, inundações, a caça, o amor, a vingança – todos esses agentes do mal e do bem devem ser propiciados, sacrifícios e orações devem ser oferecidos a eles; os atos religiosos são praticados apenas nesses ritos. Não importa suas variações, trata-se de um estado inferior de sentimento religioso. Ele pode se manifestar nos hindus que mergulham no Ganges, ou nos cristãos que acreditam na absolvição em seu sentido mais grosseiro. Em ambos os casos, a tendência aqui é tornar o devoto satisfeito com um estado moral inferior e perpetuar seu gosto pela indulgência egoísta.

As religiões ascetas também são rituais. Basta citar os fariseus antigos para demonstrar o porquê; e, nos dias de hoje, há um conjunto de povos nas Ilhas da Sociedade[22] que parecem descender espiritualmente dos sacerdotes ascetas do judaísmo. Os habitantes das Ilhas da Sociedade são privados de muitos privilégios inocentes e prazeres naturais em função do tabu; e os fariseus, da mesma maneira, impõem fardos pesados demais sobre os ombros dos homens, ordenando cerimônias cansativas como demonstrações de santidade e abnegação extravagante como prova de devoção. A licenciosidade espiritual sempre acompanhou essa extravagância da abnegação. Os vícios espirituais – o orgulho, a vaidade e a hipocrisia – são tão fatais para uma moral elevada nesse estado de sentimento religioso quanto a indulgência sensual no outro; e não importa muito, para o bem-estar moral das pessoas mergulhadas nele, se elas

---

22. Ou Arquipélago da Sociedade, na Polinésia Francesa, que inclui as ilhas do Taiti, Moorea e Bora Bora, entre outras [N.T.].

professam o cristianismo, o islamismo ou o paganismo. A moral das pessoas que se comprometem a servir a Deus por meio de uma vida preguiçosa no celibato monástico é baixa, tanto quanto a dos faquires, que deixam as unhas crescerem nas costas das mãos; ou a das mães miseráveis nas ilhas do Pacífico, que estrangulam os seus filhos e os atiram aos pés de seu ídolo sorridente.

A moderada é a religião menos ritual das três, abandonando os ritos que possui na proporção de seu avanço em direção à pureza. Em sua forma pura, a religião não é uma busca, mas um temperamento; e a sua expressão não se dá pelos sacrifícios, pelas orações nos cantos das ruas, pelos jejuns ou exibições públicas. As manifestações mais elevadas dessa ordem de religião são encontradas nos países cristãos; embora, em outros países, existam indivíduos e até mesmo ordens de homens que entendem que o gozo ordenado de todas as bênçãos que a Providência concedeu e o funcionamento regulado de todas as afeições humanas são a homenagem mais verdadeira ao Criador do universo. Assim como há cristãos cuja crença reside em seu culto ritual e que ingressam na vida monástica, também há muçulmanos e pagãos cujo objetivo religioso mais elevado é o autoaperfeiçoamento, buscado através do exercício livre, mas disciplinado, de toda sua natureza.

O vínculo entre a moral e o caráter da religião é evidente. Está claro que, em um povo cujos deuses são supostamente licenciosos, cujos sacerdotes são licenciosos e onde o culto está associado à indulgência das paixões, a moral política e doméstica deve ser muito baixa. Que pureza pode-se esperar de um povo cujas mulheres são enviadas, em turnos, para o serviço obsceno no templo budista; e que humanidade esperar dos moradores dos distritos cujas casas são necessariamente fechadas pelas multidões que se aglomeram nos festivais de *Juggernaut*[23] – multidões em meio às quais milhares caem mortos todos os anos, de tal modo que seus esqueletos cobrem a estrada até o templo abominável? – Quando o ascetismo constitui o caráter da religião, o exercício natural e irreprimível dos afetos humanos passa a ser considerado licenciosidade; e, consequentemente, logo torna-se licenciosidade de fato, segundo a regra geral de que uma má fama transforma seu objeto em uma natureza má. – Hannah e Philip cresceram em um assentamento na Morávia; e, por mais morávios que fossem, eles se amavam. Certo dia, o destino de cada um foi decidido por sorteio. As chances de eles tirarem a sorte de se casarem eram muito pequenas; no entanto, era o que ambos desejavam secretamente. Philip tirou a sorte de tornar-se padre e Hannah, a de casar-se com outro marido. Eles foram autorizados a apertarem as mãos uma última vez, antes de partirem. "Adeus, Hanna!", "Adeus, Philip!", foi tudo o que disseram. Se Hannah fugisse com Philip, isso seria considerado um ato imoral e, caso eles fossem morávios rigorosos, assim seria de fato; ao passo que, em uma comunidade de moral realmente elevada, seria considerado imoral o fato de Hannah se casar com um homem que ela não amava.

Ainda sobre o vínculo entre a moral e o caráter da religião, está claro que, na medida em que qualquer religião promova a licenciosidade – seja positiva ou negativamente –, ela estimula, por assim dizer, o excesso das paixões: a força reinará sobre o direito, os fracos

---

23. Derivação anglicizada de *Jagannātha*, em sânscrito, uma divindade hindu. A referência aqui é ao Festival Rath Yatra, na região de Puri, na Índia, quando multidões acompanham a procissão de grandes carruagens sagradas até o templo de *Jagannātha*. Antigos relatos de viajantes e missionários ingleses, narrando a multidão que se joga sob as rodas das carruagens em sacrifício religioso, se espalharam por toda Europa, popularizando o termo. Segundo o Dicionário Merriam-Webster, a derivação em inglês, *juggernaut*, tem hoje as acepções de "veículo grande e pesado" e de "uma força, movimento ou objeto imparável, que esmaga e destrói o que estiver em seu caminho" [N.T.].

sucumbirão aos mais fortes. Nesse sentido, a condição das classes mais pobres depende do carácter da religião de seu país. Na medida em que a religião tenda à licenciosidade, as classes mais pobres estarão sujeitas à escravidão. Na medida em que a religião tenda ao ascetismo, maior será a quantidade (outras coisas sendo iguais) de dificuldades e carências que eles deverão suportar. Na medida em que a religião se aproxime do caráter moderado (o uso sem abuso das fontes de prazer), as classes mais pobres ascenderão a uma condição de liberdade e conforto.

De modo similar, o caráter da religião serve como indicador do caráter de um governo. Não há como uma religião licenciosa ser adotada por um povo tão moderado em suas paixões que seja capaz de governar a si mesmo. Ninguém esperaria encontrar carnes expostas em oferenda a divindades no Capitólio do Congresso Americano. Por sua vez, uma religião asceta inflige injustiças pessoais e recíprocas que jamais seriam toleradas por um povo que pratica o governo mútuo. Não há poder que possa convencê-los a se submeterem a privações e sofrimentos toleráveis apenas aos devotos – uma pequena fração de cada sociedade. O absolutismo é comumente a natureza do governo de qualquer país em que prevaleça qualquer uma dessas religiões; um despotismo mais ou menos matizado por uma variedade de influências. Cabe ao observador estabelecer a relação entre a religião e o governo e ver como esse último se modifica pela coexistência da primeira.

As relações de amizade, tanto quanto as relações domésticas e políticas de uma sociedade, também dependem da religião predominante. Em uma religião licenciosa, os costumes se dividirão entre o tradicional e o indecoroso. Um ministro birmanês estava sentado na popa de uma embarcação a vapor quando começou uma tempestade. "Eu sugeri à Sua Excelência", conta o Sr. Crawford, "a conveniência de descer, à qual ele resistiu muito pelo receio de comprometer sua dignidade, ao colocar-se em uma situação em que as pessoas pudessem passar por cima de sua cabeça; aversão singular que é comum tanto aos birmaneses quanto aos siameses. O preconceito se dirige, mais especialmente, ao sexo frágil – uma prova bastante conclusiva da estima reservada às mulheres. Sua Excelência exigiu saber, sério, se alguma mulher já havia pisado na popa; e, sendo assegurado da negativa, ele finalmente consentiu em entrar na cabine". A casa designada para a residência de um missionário americano não pôde ser utilizada, pois ficava em um terreno mais alto do que o barco do rei, que ficava no rio; e tal espetáculo não conviria à dignidade do rei. O primeiro-ministro desse mesmo rei foi, certo dia, devido à ausência de seu posto durante um incêndio, "estendido ao sol quente". Ele ficou estendido de costas em uma via pública por algumas horas, na parte mais quente do dia, com um grande peso sobre o peito – e os algozes públicos foram acionados para executar a punição. Não é apenas o rei que está autorizado a perpetrar tais barbáries. Um credor pode confiscar a esposa, os filhos e os escravos de um devedor e amarrá-los à sua porta para fritar sob o sol de Ava. Aqui vemos perfeitamente a combinação do tradicional e do indecoroso nos costumes; e não há como esses costumes coexistirem com qualquer religião de caráter superior ao budismo.

Sob formas ascetas, qualquer brutalidade existente será parcialmente ocultada; mas não há abordagem mais próxima da simplicidade do que sob a licenciosidade. Quando a religião é estática e repleta de observâncias, a sociedade torna-se formal na medida em que acredita tornar-se mais pura. Mais uma vez, tomemos um caso extremo como exemplo. Os protestantes Shakers da América são um dos grupos de pessoas mais sofisticados que podemos encontrar: com suas mentes e até mesmo seus discursos públicos tomados pelo tema exclusivo de seu celibato, e suas interações graduadas segundo regras estritas de etiqueta. Um ascetismo tão extremo não consegue mais se difundir, em nenhuma nação, a ponto de estabelecer uma relação com o seu governo geral: mas cabe observar que essas sociedades de ascetas vivem sob um despotismo – um de sua própria escolha, caso a vontade geral não as tenha proporcionado um.

Apenas no aspecto moderado da religião é possível encontrar uma tendência à simplicidade nos costumes sociais. Nesse sentido, em qualquer país do mundo, ainda há apenas uma antecipação remota; apenas uma antecipação remota daquela naturalidade nos costumes sociais que há de existir somente onde os prazeres da vida são usufruídos livremente, sem abusos. Não importa que os grupos licenciosos e ascetas se vangloriem de terem alcançado essa consumação – um em nome da facilidade e o outro da simplicidade. Há muita dor associada à brutalidade para justificar a presunção de facilidade; e muito esforço no ascetismo para permitir a graça da simplicidade. Cabe ao observador identificar, aonde quer que ele vá, o grau em que um é reprimido e o outro relaxado, dando lugar à forma superior do moderado que, caso a sociedade aprenda com a experiência, assim como o indivíduo o faz, deverá enfim prevalecer. Quando muitos indivíduos de uma sociedade alcançam o auto-esquecimento motivado por um sentimento religioso elevado e livre, incompatível com tendências licenciosas ou ascetas, o caráter dos costumes naquela sociedade será muito elevado. Quando, livres da bestialidade da autoindulgência e da rigorosidade da abnegação, cada um pensar espontaneamente mais no próximo do que em si mesmo, o mundo testemunhará, enfim, a perfeição dos costumes.

Está claro que a moral superior, da qual tais costumes refinados constituem expressão, possui um vínculo direto com a elevação do sentimento religioso do qual eles emanam.

O viajante poderia contestar a dificuldade em classificar as sociedades por suas tendências religiosas e questionar se mentes de todo tipo não são encontradas em todos os diversos agrupamentos de pessoas. Isso é verdade: mas, contudo, há um sentimento religioso predominante em todas as comunidades. O sentimento religioso, assim como outros sentimentos, é transformado pelas fortes influências gerais sob as quais cada sociedade vive; e nele, assim como em outros tipos, haverá uma semelhança geral, com diferenças particulares. É bem sabido que até mesmo as seitas, com suas opiniões excludentes e formas restritas, são tão distintas em diferentes países, quase como se não existissem laços comuns. O episcopado não é a mesma religião entre os nativos das Índias Orientais e na Inglaterra, assim como os quakers dos Estados Unidos, embora semelhantes aos ingleses na doutrina e nos costumes, são facilmente distinguíveis em seu sentimento religioso; e mesmo os judeus, que se poderia supor serem os mesmos em todo o mundo, são tão diferentes na Rússia, na Pérsia e na Grã-Bretanha como se um espírito de divisão tivesse sido enviado entre eles. Eles não apenas se vestem em peles aqui, lá em algodão ou seda e, em outros lugares, em lã grossa; mas os corações que eles carregam sob as roupas, os pensamentos que se agitam sob o quepe, o turbante e o chapéu, têm sua ação transformada ao considerarmos os céus sob os quais eles se movem. Eles estão impregnados do sentimento nacional da Rússia, da Pérsia e da Inglaterra; e, se o sonho saudoso de alguns deles (no qual, aliás, grande parte de seu grupo deixou de acreditar) se tornasse realidade e eles algum dia voltassem a se reunir em suas antigas fronteiras, eles descobririam que sua religião, tão singular em sua rigidez, embora seja rígida em teoria, é diversa em espírito. – A assimilação é muito mais fácil entre as diferentes formas de cristianismo e entre o cristianismo e uma religião natural elevada: e a busca por um sentimento religioso predominante entre as diversas instituições religiosas de todo e qualquer povo nunca será em vão.

Certamente, é mais difícil discernir esse sentimento religioso em uma nação esclarecida o suficiente para estar dividida em questões teológicas do que em um povo rude que regula suas devoções pelos preceitos de uma única ordem de sacerdotes. Na África, ao atravessar o Rio Níger, o viajante observa de imediato o que todos os devotos nas margens sentem, e devem sentir, em relação às divindades para as quais eles erguem seus templos. Uma cabana rústica, com um boneco – uma imagem disforme – empoleirado em uma estante e, supostamente, apreciando a fumaça da cozinha que cobre seu rosto; um local de culto como esse, em seu caráter de habitação de uma divindade, e de uma divindade sensual, não deixa dúvidas a respeito de qual deve ser o sentimento religioso de um país onde não há dissidência a tal forma de culto. Em uma sociedade assim, não há absolutamente ninguém que sinta que seus bosques profundos de palmeiras sejam um templo mais nobre do que as mãos humanas são capazes de construir. Não há ninguém que pense que é por uma grande benevolência divina que todas as criaturas vivas daquela região são felizes em seu isolamento absoluto. Não há nenhum sentimento de gratidão nas mentes daqueles que contemplam a profusão de borboletas luminosas que voam sob a luz do meio-dia e o hipopótamo que se banha nas sombras do grande e misterioso riacho. Lá, um deus se encontra apenas em seu templo e não se sabe nada de suas obras. O fato de ele ser grandioso é algo aprendido apenas por meio da palavra de seus sacerdotes, que dizem que o inhame é um alimento banal demais para ele e que nada menos do que carne de hipopótamo deve ser cozida embaixo de seu altar. A noção de que ele é bom ainda não está presente na cabeça de ninguém. Em outros lugares o sentimento religioso é quase igualmente inquestionável; como quando todos os homens no Cairo são vistos colocando o traje de peregrinação e caminhando em direção ao Monte Arafat. Aqui o sentimento é de ordem superior, mas igualmente evidente e homogêneo. Um avanço adicional, com um sentimento pouco menos uniforme, é encontrado entre os seguidores da Igreja grega em uma província russa. Os camponeses fazem questão de ter tempo para as suas devoções; por sua vez, aqueles que têm os recursos para fazer alguma oferenda pomposa em um santuário são indulgentes. Eles fazem o sinal da cruz e cumprem, com isso, todo o seu dever; e caso algum adorador curioso da Virgem com Três Mãos não estiver convencido de como sua padroeira arranjou a sua terceira mão, ele guarda suas dúvidas para si mesmo enquanto conta seus pecados ao confessor. – Um avanço ainda maior, com uma diversidade crescente, pode ser encontrado entre os humildes valdenses[24]: as características gerais de sua fé são semelhantes, mas alguns a nutrem mais com espírito de medo, outros mais com espírito de amor. O sentimento predominante entre eles é de caráter ascético, como pode observar o estrangeiro ao ver os camponeses marchando em circunspecção serena até seus locais de culto simples no cume da montanha, ou sob o abrigo oferecido por uma moita de pinheiros negros em meio a um deserto de neve; mas, aqui, o clero é mais guia do que ditador e não são poucos os que questionam suas opiniões e encontram razão

---

24. Denominação cristã ascética criada pelos seguidores de Pedro Valdo, em Lyon, na França, na segunda metade do século XII [N.T.].

para o deleite espontâneo, em vez de reverência religiosa, quando ouvem os ecos entre as montanhas e admiram o clarão dos relâmpagos de verão brincando entre os desfiladeiros. – A diversidade cresce de forma mais acentuada à medida que a civilização avança; mas ela ainda não é desconcertante nas nações mais esclarecidas do mundo. Na Inglaterra, na França, na América, há um sentimento religioso diverso: na Inglaterra, onde há todo tipo de dissidência em relação à fé estabelecida; na América, onde existe toda variedade de opiniões e nenhuma ordem instituída; e a França, que se encontra naquele estado que mais confunde qualquer observação – um estado de transição de uma superstição exagerada para a busca de uma fé religiosa que ainda não foi encontrada. Apesar dessa indefinição, ninguém há de confundir o sentimento religioso da Nova Inglaterra com o da França; e uma observação dos seus locais de culto apontará as suas diferenças. Na Nova Inglaterra, as cidades populosas têm suas igrejas no centro, espaçosas e proeminentes – sem exibir nenhum dos símbolos de antiguidade que estão impressos nas da Europa e justificadas apenas pelas preferências religiosas imediatas do povo. Nos novos assentamentos a igreja se ergue ao lado da casa de espetáculos e é claramente considerada um dos bens necessários à vida social. A primeira coisa a aprender sobre um novo habitante é como ele se posiciona em relação à Igreja, qualquer que seja sua denominação. Na França, as igrejas antigas que ainda são usadas para seus antigos fins evidenciam uma religião ritual e, portanto, uma religião leve e alegre em espírito; assim são todas as religiões que atribuem responsabilidade às observâncias externas, especialmente quando as observâncias externas não têm um caráter muito penoso. Se as freiras nos seus claustros e os judeus nas sinagogas são descritos pela leveza de seu espírito religioso, os católicos de

109

um país esclarecido também poderiam sê-lo, renunciando aos seus ritos mais rudes e penosos e preservando o princípio ritual. Aqueles que buscam uma nova fé na França devem se tornar milhões antes de conseguirem mudar o caráter do sentimento religioso do país; e talvez – antes de que o que agora é considerado repugnante possa se elevar ao afável e antes de que uma mistura de leviandade e medo possa ser transformada na seriedade alegre de uma convicção religiosa moderada ou verdadeiramente católica – as antigas igrejas da França virem ruínas, objetos de pesquisa de antiquários.

A regra de investigar as coisas antes dos indivíduos deve ser observada ao definir o sentimento religioso de qualquer país. Um estrangeiro na Inglaterra poderia conversar com todas as pessoas com quem ele se encontrasse e saber muito pouco ao final de um ano. Ele pode se deparar com um fanático em um dia, com uma pessoa imparcial no outro, e com uma pessoa de convicção serena no terceiro: ele pode passar de um padre a um judeu, de um judeu a um quaker, de um quaker a um católico e, a cada dia, estar ainda mais longe de compreender o sentimento religioso predominante no país. Um método muito mais curto e mais garantido é investigar os locais de culto, a condição do clero, as superstições populares, a observância dos dias santos e outras particularidades do tipo.

Igrejas

Primeiro, as igrejas. Há algo em todos os locais de culto capaz de contar uma história quase tão clara quanto as esculturas dos ídolos, com punhados de arroz diante deles, nos templos hindus; ou os ossos humanos pendurados na cabana de um deus africano. A proporção e a semelhança dos locais de culto modernos em relação àqueles construídos nos tempos sombrios da superstição; a adequação ou a incongruência de tudo o que tenha sido introduzido recentemente em seu mobiliário e culto, em relação ao que tem sua origem naquelas eras obscuras – essas circunstâncias podem revelar se o sentimento religioso comum ainda é, tanto quanto possível, o mesmo que nos séculos passados, ou se ele está se aproximando, lenta ou rapidamente, do asceta ou do moderado.

Há evidências nas próprias formas das igrejas. As primeiras igrejas cristãs tinham a forma de basílica – semelhantes aos tribunais de justiça romanos. Supõe-se que isso tenha surgido do fato de as igrejas serem, com efeito, os tribunais da justiça espiritual, onde a penitência era dada pelo padre ao culpado e a absolvição concedida ao penitente. Por imitação, durante séculos, as igrejas cristãs de toda a Europa tiveram essa forma; inclusive algumas construídas depois da Reforma ainda a preservam. Contudo, elas possuem algo de próprio que serve como registro de sua própria época. A história das Cruzadas não oferece uma imagem mais vívida da sociedade feudal quanto a que se revela nos cantos das nossas próprias catedrais. O espírito do monasticismo é tão evidente como se fosse realmente possível ver os fantasmas encapuzados das vítimas voando pelos corredores. O que dizem as capelas dispostas nas laterais? Nelas, eram feitas orações perpétuas pela prosperidade em vida de uma família rica e de seus servos, e por seu bem-estar após a morte. O que diz a Sala do Capítulo? Ali, os membros poderosos da hierarquia da Igreja costumavam reunir-se para exercer e ratificar seu poder. O que dizem os claustros? Sob seu abrigo os monges viveram sua vida; e no terreno cercado por essas passagens sombrias eles jazem em morte. O que diz a Capela Mariana? O que dizem os nichos com seus lavatórios de pedra? Eles falam do caráter intercessor do sentimento e do caráter ritual do culto da época em que foram construídos. O punhado de elementos mencionados aqui, entre as dezenas de milhares que compõem uma catedral, também atesta o fato de que esses estabelecimentos não poderiam ser construídos nos dias de hoje e não estão mais em harmonia com o espírito da multidão. – O contraste dos edifícios sagrados mais modernos narra uma história evidente: a Casa de Reunião de tijolos vermelhos da Sociedade dos Amigos[25]; a capela de pedra dos dissidentes menos rígidos, afastada do barulho da rua movimentada; a capela aristocrática aninhada nas sombras do parque de algum nobre; e a igreja da aldeia no campo, com a casa paroquial ao lado. Tudo isso revela uma diversidade de opiniões, mas também revela outra coisa. Os edifícios mais antigos são pouco frequentados; os mais modernos estão apinhados; e, certamente, se não tivessem sido do desejo de muitos, eles não teriam sido construídos. Isso aponta para o declínio de uma religião ritual e a preferência por outra cuja ação seja mais exclusivamente espiritual.

Na Escócia, as igrejas parecem perfeitamente adequadas à população que se aglomera nelas, com roupas e modos sóbrios e semblantes de solenidade. Esses edifícios exibem uma simplicidade austera, seja na margem verde de um lago ou na rua estreita de uma cidade; e o ascetismo é visível em cada pedra das paredes e em cada artigo de sua decoração.

Ninguém que tenha viajado pela Irlanda se esquece do aspecto de seus locais de culto – as capelas católicas humildes, com os seus ornamentos de rendas e crucifixos paupérrimos, situadas em meio às aldeias cujos habitantes se amontoam dentro daquelas quatro paredes; e, um pouco mais adiante, em um campo ou em um monte à beira da estrada, a igreja protestante, com uma das extremidades em

---

25. Ou Sociedade Religiosa dos Amigos, como também é conhecida a denominação protestante Quaker [N.T.].

ruínas e amplo abrigo para as corujas, enquanto o resto está cercado de urtigas e espinhos e os túmulos musgosos quase escondidos pela grama alta. Em um país onde o sol ilumina contrastes como esses, fica claro em que direção caminha o sentimento religioso do povo.

Assim, o que um estrangeiro pode aprender em nosso país, nós podemos aprender no dele, seja que país for. As igrejas grandes e modestas de Massachusetts – seus bancos democráticos (na ausência de assentos aristocráticos) silenciosamente lotados por longas horas de um sábado, tão quieto quanto um meio-dia de verão, por centenas e milhares de pessoas que revivem as expressões de seus ancestrais peregrinos cantando seus hinos e que parecem carregar sua semelhança em seus rostos – devem ter um sentido claro para o observador. – Há também a mesquita do Cairo, com seu grande tanque ou fonte de ablução no centro; e seu pavimento amplo e aberto para homens de todos os níveis ajoelharem-se juntos; suas portas abertas do nascer ao pôr do sol para a entrada de todos, exceto mulheres e estrangeiros; suas galerias externas, de onde ecoa a convocação para a oração – essas coisas atestam o caráter ritual do culto e o tipo inferior de moral de uma fé que despreza mulheres e estrangeiros, dando privilégios aos mais fortes e excluindo os fracos. – E há o templo budista, erguendo sua forma pontiaguda em um recanto nas colinas, com suas figuras de pedra colossais guardando a entrada e outras santificando o interior – todas expressando, de forma eloquente, que a força física é cultuada aqui: suas imagens de santos revelam que a superstição intercessora existe; e o tambor e o gongo, usados para despertar a atenção dos deuses, deixam ao observador pouca margem para equívoco. Há lanternas sempre acesas e água consagrada, santificada para a cura de olhos enfermos. – Esses locais de culto contam uma história muito clara; embora, talvez, não haja uma igreja na terra que não exprima uma história clara.

O viajante deve visitar diligentemente os templos das nações; ele deve distinguir sua localidade, se ele está próximo das habitações dos homens ou afastado delas; o seu número, caso multiplicado pela diversidade de opiniões teológicas; e sua aparência, se são concebidos para o serviço de um ritual ou de uma religião espiritual. Assim, ele pode identificar, ao mesmo tempo, o caráter da forma mais proeminente de religião e o da dissidência a ela, que sempre ajudam a esclarecer um ao outro.

Clero

Depois das igrejas, temos a observação do clero. De um modo geral, o clero é o segundo grupo mais poderoso em um país jovem. Em um país jovem, a força física – e tudo aquilo que a representa – é a primeira grande fonte de poder, e o conhecimento, a segunda. O clero é o primeiro grupo de homens cultos de toda nação; e, quando os caudais do conhecimento ainda apenas emanam da fonte e a chave reside nas mãos do clero, eles gozam, correta e inevitavelmente, de um grau elevado de importância. O conhecimento se espalha; e é tão impossível um homem represá-lo quanto um tolo deter o Danúbio bloqueando o estreito canal de sua nascente com suas botas grandes e gritando, ao mesmo tempo: "O que as pessoas irão pensar quando o Danúbio desaparecer!" À medida que o conhecimento se difunde, o clero perde a sua importância. Para que sua importância seja preservada, eles devem conquistar a mesma superioridade moral que antes emanava de seu intelecto. Nos lugares onde o clero ainda é uma classe estimada, isso se dá, de fato, pela suposição dessa superioridade moral – uma alegação cuja justificativa não seria razoável procurar, e de cuja apropriação o clero deveria ser menos culpado do que aqueles que supõem que, em virtude de uma profissão, qualquer classe de homens seja melhor do que as outras. A excelência moral não está relacionada a classes e profissões; e a religião, não como busca, mas como um temperamento, não pode ser cultivada profissionalmente para o privilégio pessoal. Caberá ao viajante observar se isso é mais ou menos compreendido por onde ele viaja; se o clero é visto com indiferença, como meros profissionais; ou se são reverenciados por sua suposta santidade ou por sua superioridade real nos estudos; ou se o caso revela o caráter mais baixo de todos – quando seus membros se resumem a malabaristas e titereiros da multidão. Uma reflexão paciente a esse respeito levará a uma conclusão bastante segura quanto ao progresso dos indivíduos no campo do conhecimento e à liberdade espiritual que isso traz – uma liberdade que, ao mesmo tempo, é uma virtude e uma causa de virtude.

O observador deve analisar o que o próprio clero considera ser a sua função: se é guiar as mentes individuais; ou dedicar-se aos estudos teológicos e outros, a fim de colocar os seus resultados à disposição das mentes com as quais têm de lidar; ou expressar na devoção os sentimentos dessas mentes; ou influenciar as instituições sociais que moldam as mentes dos indivíduos; ou fazer qualquer outra das muitas coisas que os sacerdotes de diferentes países, idades e religiões, por sua vez, tenham incluído em sua função. Ele deve observar se eles são mais parecidos com os brâmanes tirânicos que, de um só golpe – ao declarar que a instituição das castas representa a autoridade divina – obtiveram o controle ilimitado sobre mil gerações, sujeitando todas as mentes e todas as mãos a uma rotina que facilmente controlada pelos 40 mil da raça de privilégios divinos; se eles são como o clero cristão da idade das trevas, cujo dever incluía descobrir os segredos mais profundos dos mais altivos e dos mais humildes – obtendo, assim, os meios de impor sua vontade tanto na vida pública quanto na vida privada; se eles são como aqueles discípulos conhecidos no mundo teológico – homens que não cruzaram o limiar de suas bibliotecas por dezoito anos e que estão satisfeitos com suas vidas, caso eles tenham sido capazes de elevar os estudos bíblicos e lançar alguma luz nova sobre a história sagrada; se eles são como o clero americano dos dias atuais, cujos esforços se direcionam à arte da pregação; ou se eles são como os ministros da Igreja oficial da Inglaterra, que gozam de representação política e dos quais muitos exercem sua influência para fins políticos. Cada um desses tipos de clero está associado a um estado particular da sociedade e não poderia pertencer a nenhuma outra. Os hindus devem estar em um nível inferior de civilização, mergulhados em uma superstição fatal, ou eles não tolerariam os brâmanes. As pessoas de quatro séculos atrás dependiam exclusivamente de seus sacerdotes para obter conhecimento e orientação, ou não teriam se submetido às suas práticas inquisitoriais. A Alemanha deve ter avançado muito em sua apreciação da investigação filosófica e crítica da teologia, ou não teria discípulos tão dedicados como os que ela ostenta. Os americanos não devem ter alcançado nenhuma prática elevada de liberdade espiritual, ou não poderiam entregar-se à pregação com tanto zelo como o fazem. Os ingleses não devem ter compreendido plenamente ou levado a sério os princípios da Reforma, que são há tanto tempo seu objeto de estima, ou não promoveriam uma hierarquia política no seio de sua Igreja.

Na medida em que os estudos do clero estão no passado, que os dias de sua maior influência já ficaram para trás e que os sentimentos religiosos dos homens, até então, repousavam sobre a história e apenas começam a apontar para o futuro, é natural e inevitável que o clero, ao invés de auxiliar, retarde o progresso da sociedade. A disposição para promover o avanço das instituições é algo que não se deve esperar de nenhuma classe clerical; e, mesmo que se espere, ela não será encontrada. Esse modo de atuação deve parecer-lhes suicida. Porém, pode-se aprender muito comparando o grau de resistência do clero em relação ao progresso com a extensão do privilégio que o povo lhe concede. Onde essa resistência é maior e a vida clerical ostenta uma tranquilidade mundana peculiar, o estado da moral e dos costumes deve ser inferior. Onde essa resistência é menor, onde todo avanço social se origina do clero e onde eles toleram uma dose justa de labor, a condição da moral e dos costumes não há de ser tão baixa. Onde há uma divisão indevida do trabalho e de suas recompensas entre os próprios clérigos – onde alguns fazem o trabalho e outros colhem os louros – a inferência justa é a de que a moral e os costumes se encontram em um estado de transição. Não há como essa situação ser permanente; e o observador pode ter certeza de que a moral e os costumes do povo estão prestes a ser melhores do que eram antes. – As características do clero indicarão ou, pelo menos, direcionarão a atenção para as características da dissidência: e qualquer forma abrangente de dissidência não representa outra coisa senão a manifestação mais recente da condição atual da moral entre uma parcela grande, ativa e influente do povo. Um viajante estrangeiro na Alemanha, nos tempos de Lutero, aprenderia muito pouco sobre o estado moral daquele império se ele fechasse os olhos para a filosofia e as obras dos reformadores. Se ele não visse nada no cortejo de freiras descendo pelos vales de seu convento maculado na encosta; se a notícia do casamento de Catarina de Bora[26] lhe chegasse como a notícia de outro casamento qualquer; se ele não notasse o júbilo contido nos rostos das famílias quando o Livro – a Bíblia de Lutero – foi publicado para o sermão diário; se o Édito de

---

26. Freira católica alemã e, posteriormente, esposa de Lutero, líder da Reforma Protestante [N.T.].

Worms[27] lhe parecesse uma ordem comum da igreja e o nivelamento dos altares e a abertura das criptas fossem, aos seus olhos, apenas um trabalho de pedreiro, ele não estaria qualificado para observar o povo da Alemanha e teria tanto direito de falar sobre eles quanto se ele nunca tivesse saído de casa. Isso acontece nos dias de hoje, em casos menos extremos. O viajante na Espanha pouco sabe sobre os espanhóis, a menos que conheça os estudos teológicos e os cultos informais, conduzidos em privado por aqueles que mantêm aceso o fogo da liberdade naquele país dominado por sacerdotes e tiranos.

O estrangeiro na Inglaterra levará consigo apenas um conhecimento parcial do sentimento religioso do povo, caso ele visite apenas as catedrais das cidades e as igrejas com campanários das aldeias, ignorando as casas de reunião quadradas das cidades industriais e sem ouvir nada sobre as conferências, as assembleias e os projetos missionários dos dissidentes. Pode-se dizer o mesmo da observação em qualquer país esclarecido o suficiente para ter abandonado sua subserviência a um sacerdócio inquestionável e irresponsável: isto é, qualquer país avançado o suficiente para tolerar a dissidência.

As expressões das formas instituídas de oração revelam mais sobre a situação do clero do que sobre a do povo, uma vez que essas expressões são transmitidas pelo clero e continuam a ser fomentadas por eles, enquanto o povo não tem meios de rejeitar ou de alterar as palavras de suas orações definidas, até muito depois de as palavras deixarem de representar o sentimento. O viajante entenderá essas manifestações questionáveis não como indicações dos sentimentos atuais da multidão de fiéis, mas antes como evidência da relutância do clero à mudança. Seria difícil, por exemplo, imputar aos devotos

---

27. Decreto do imperador romano Carlos V que proibia os escritos de Lutero, classificando-o como inimigo do Estado. O édito foi publicado em 25 de maio de 1521, na cidade de Worms, na Alemanha [N.T.].

muçulmanos, em geral, a concepção dos desejos enunciados pelos meninos no Cairo, ao final de seu dia escolar. "Ó Deus! Destrua os infiéis e politeístas, os teus inimigos, os inimigos da religião! Ó Deus! Faça os seus filhos órfãos e desonre suas moradas; faça com que seus pés vacilem e os ofereça, com suas famílias, suas casas, suas mulheres e seus filhos, seus parentes por casamento, seus irmãos e seus amigos, suas posses, sua raça, suas riquezas e suas terras, como espólio para os muçulmanos! Ó Senhor de todas as criaturas!" – Seria injusto imputar um horror da "morte súbita" a todos aqueles que empregam as palavras de oração contra ela, encontradas no Livro de Oração da Igreja Anglicana. A morte súbita merecia ser classificada entre os males mais extremos quando o Livro foi elaborado, nos tempos do viático; mas, atualmente, seria injusto com uma multidão de fiéis que adotam o Livro supor que eles têm medo de se entregar às mãos de seu Pai sem a permissão de um padre; e que eles não estão dispostos a morrer da maneira que agrada a Deus – alguns preferirão, provavelmente, um modo que poupará aqueles mais próximos e queridos da angústia do suspense ou de testemunhar um declínio irremediável. Em todas as formas antigas de devoção há de haver expressões que são inconsistentes com a filosofia e os gostos da época; e elas não devem ser tomadas, portanto, como indícios de ambos, mas como uma evidência, mais ou menos clara, da condição do clero em ilustração e temperamento.

Superstições

O esplêndido tema das superstições humanas só pode ser abordado de forma breve aqui. Nesse campo infinito, repleto de todas as flores de toda filosofia, o observador humano pode vagar para sempre. Ele nunca terminaria de coletar as evidências que apresenta ou de desfrutar da promessa que carrega. Por ora, o que nos cabe fazer é apenas sugerir que, na medida em que as superstições de todas as nações são a manifestação de suas convicções idealizadas, o estado do sentimento religioso pode ser compreendido por meio delas, quase sem perigo de erro.

Nenhuma sociedade é livre de superstições, assim como não é isenta de convicções e imaginários. Mesmo nas formas moderadas de religião há espaço para superstições; e o asceta, que se orgulha de ter renunciado às superstições das formas licenciosas, também tem as suas. – Os seguidores de uma religião ascética acreditam, mais ou menos, em julgamentos – em males retributivos, infligidos de forma arbitrária. Eles cultivam muitas histórias de interferência divina – desde a ferroada de abelha na língua do blasfemo até a morte súbita de falsas testemunhas. Entre eles, florescem superstições sobre o tempo e as estações, a ponto de se esquecerem de que o sábado foi feito para o homem, e não o homem para o sábado. Alguns ascetas têm fé no destino – como os morávios ao arranjar casamentos, ou Wesley[28] ao abrir sua Bíblia para destacar alguns trechos. Outros acreditam em presságios do mal; e a maioria teme tanto a prática de rituais quanto os pecados morais. Nas Terras Altas da Escócia, tocar a simples melodia de um hino no piano aos domingos é considerado uma ofensa; e faltar às orações é matéria de penitência em um convento. As superstições do asceta são quase tão numerosas e tão moderadas quanto as da forma licenciosa de religião; a principal diferença entre as duas está no espírito do qual emanam. As superstições do asceta nascem do espírito do medo; as dos pagãos nascem, talvez na mesma proporção, do espírito do amor e do espírito do medo.

---

28. Referência a John Wesley (1703-1791), teólogo e clérigo anglicano, precursor do movimento metodista [N.T.].

Ao que parece, os presságios que se manifestam nas mentes dos ascetas devem necessariamente ser maus, uma vez que o único bem que a sua imaginação admite é aquele assegurado pela graça e pelos atos de entrega ou abnegação. Para o faquir, para o protestante shaker, para a freira, nenhum bem está acima de suas súplicas constantes, ao passo que a punição pode derivar de qualquer violação da observância. Por outro lado, para quem cria para si deuses nos movimentos da natureza inanimada e das paixões humanas, ambos os mundos do mal e do bem permanecem abertos e há uma busca perpétua de emissários dos dois. O pobre pagão busca por sinais de se os seus deuses estão satisfeitos ou irritados, de suas intenções de lhe proporcionar uma colheita boa ou ruim, de lhe enviarem uma dádiva abundante ou de devastá-lo com o luto. Tudo o que ele deseja saber, busca em presságios – se ele viverá novamente, se seus amigos falecidos pensam nele, se seu filho será afortunado ou miserável, quem prevalecerá, ele ou seu inimigo. Cabe ao viajante observar se essas superstições são de tipo generoso ou egoísta – se elas elevam a mente com esperança ou se a deprimem com medo, se elas alimentam a fé do espírito ou apenas extorquem palavras e gestos.

Os pastores suíços acreditam que os três libertadores (os fundadores da Confederação Helvética) dormem tranquilos em uma caverna próxima ao Lago de Lucerna e que, sempre que sua pátria estiver em extrema necessidade, eles aparecerão com seus trajes antigos e certamente a salvarão. Essa é uma superstição repleta de reverência e de esperança. – Quando os árabes veem uma estrela cadente, eles acreditam tratar-se de um dardo lançado por Deus em um andarilho da raça dos gênios e exclamam: "Que Deus atinja o inimigo da fé!" Aqui vemos, em suma, o espírito de sua religião. – No Brasil, um pássaro que canta melancolicamente à noite é ouvido com grande emoção, pois acredita-se ser enviado para dar notícias dos mortos aos vivos. A escolha de um pássaro com um canto triste, em vez de um canto alegre, fala por si. – Os três anjos vestidos de branco, que aparecem para dar presentes às crianças boas na Alemanha no Natal, vêm em bom espírito. – Há uma superstição na China repleta de ternura. Um pai coleta cem moedas de cobre, de cem famílias, e transforma o metal em um cadeado que ele pendura, como um amuleto, no pescoço de seu filho, na crença de que ele prenderá seu filho à vida por meio dessa conexão com cem pessoas cheias de vitalidade. – Mas, naturalmente, a morte é a região do Invisível à qual a maioria dos presságios se refere. A crença no retorno dos mortos é quase universal entre as nações; e a sua vida invisível é o grande tema de especulação onde quer que existam homens para especular. Os noruegueses enterram o cavalo, a armadura e as armas do guerreiro ao lado dele. Os hindus queimam a viúva. Os nativos da Costa do Malabar libertam pássaros engaiolados sobre a sepultura recém-construída para permitir o voo da alma. Os corsários (segundo Penrose[29]) ocultavam toda grande pilhagem que caísse em suas mãos até que tivessem oportunidade de removê-la, matando e enterrando perto dela qualquer miserável indefeso que pudessem capturar, para que seu espírito vigiasse o tesouro e expulsasse a todos do local, exceto aqueles que assinaram seus nomes em um documento reivindicando sua propriedade. Os devotos de muitas religiões se assemelham nas práticas de propiciação ou expiação realizadas, com empenho, em nome dos que partiram. Algumas classes de enlutados agem em relação aos seus entes falecidos com espírito de admiração, outras com medo, mas a grande maioria com amor. A crença na imortalidade dos afetos é a característica mais

---

29. Referência ao *Sir* Charles Vinicombe Penrose (1759-1830), oficial comandante da Marinha Real Britânica [N.T.].

geral nas superstições desse tipo; e este é um fato eloquente para a mente do observador. – O filho único de dois pobres selvagens faleceu. Os pais pareciam inconsoláveis; e o pai logo mergulhou em sua dor. Desde o momento de sua morte, a mãe ficou alegre. Ao ser questionada por que ela estava alegre, ela disse que lamentava a solidão do filho no mundo dos espíritos; agora, ele tinha a companhia do pai com ele e ela estava feliz por ambos. Que espírito divino de abnegação há aqui! Todavia, quase todas as superstições genuinamente cultivadas também contam uma história clara. Aquelas que expressam medo indicam degradação moral, em maior ou menor grau. Aquelas que expressam confiança e amor indicam maior ou menor grau de elevação moral e pureza.

Suicídio

A prática do suicídio merece a observação de um viajante, pois ela oferece alguns indícios claros no que se refere ao sentimento religioso. O suicídio é entendido aqui em seu sentido mais amplo – a renúncia voluntária da vida por qualquer razão.

Há um estágio no avanço moral de todas as nações em que o suicídio, de uma forma ou de outra, é considerado um dever; e é impossível antever o momento em que ele deixará de sê-lo. Tratava-se de uma decorrência necessária da noção de honra que prevalecia antigamente nas sociedades mais civilizadas, quando homens e mulheres se matavam para evitar a desonra. O guerreiro derrotado, o estadista aturdido, a mulher ferida, cometiam suicídio quando já não havia mais esperança de honra. Na mesma época, assim como em todas as posteriores, há suicídios cometidos em sacrifício a outros, oferecendo uma série de histórias quase capazes de redimir os males que obscurecem os anais da raça humana. – O mais ilustre dos Santos Padres, imerso nas superstições sobre a nobreza transcendente da virtude da castidade – que suprimem tantas outras virtudes e ferem a moral da sociedade até os dias de hoje, ao sacrificar outros princípios pelo fanatismo neste assunto –, permitia que as mulheres se matassem para escapar da violência, preservando a pureza de sua mente e a retidão de sua vontade. – Os olhos devotos dos homens também testemunhavam o martírio em nome da verdade, o tipo mais nobre de suicídio: ele atraía para si a glória concedida pelos corações fiéis; e, por atrair a glória, ele se tornou um meio de conquistá-la, deixando de ser um martírio para se tornar uma mera busca egoísta e fanática. Enquanto o espírito de perseguição vagava, procurando a quem devorar, Santa Teresa também vagava, procurando ser devorada, com um espírito de ganância após a coroação do martírio. – Os soldados, em todos os tempos e circunstâncias, comprometem-se com o possível dever do suicídio no próprio ato de se tornarem soldados. Eles se comprometem a atuar na frente de batalha e a montar guarda ao serem convocados. E sempre há soldados para todos os serviços perigosos necessários, em todas as guerras. Voluntários para montar guarda, homens solitários ou pequenos grupos para defender pontes e passagens estreitas, da invasão de tribo após tribo em conflitos bárbaros até o suicídio de Van Speyk[30], cujo monumento ainda está fresco do cinzel na igreja de Nieuw Kerk, em Amsterdã. Van Speyk comandava uma canhoneira que encalhou em um forte vendaval e foi invadida pelos belgas – o inimigo. Van Speyk jurou nunca render seu barco e seu suicídio era uma questão de honra militar. Ele parece ter pensado assim, pois rogou perdão por seu crime de suicídio ao jogar seu charuto aceso

---

30. Referência a Jan Carel Josephus van Speyk (1802-1831), capitão-tenente da Marinha Real dos Países Baixos, consagrado herói nacional por sua resistência à Revolução Belga (1830-31) [N.T.].

no barril de pólvora aberto que explodiu o barco. Os demais suicidas (exceto, é claro, os loucos) não são justificados por ninguém. Pessoas que evitam o sofrimento. a ponto de se afastarem de seus deveres e de abandonarem quem necessita delas, são objeto de uma compaixão desdenhosa nos dias de hoje, uma vez que, tendo a moral superado força física na estima dos homens, é considerado mais nobre suportar os infortúnios do que esconder o espírito deles.

Toda sociedade tem seus suicídios e pode-se aprender muito com seu caráter e número, tanto no que se refere às noções de moral prevalecentes quanto ao sentimento religioso que anima ou reprime o ato. É esse sentimento que vamos abordar agora. – O ato de sacrificar a vida significa uma coisa para um povo que tem visões obscuras e tristes de uma vida futura, como os antigos gregos; e outra bem diferente para aqueles que, como os primeiros cristãos, têm uma visão clara de felicidade e triunfo no mundo ao qual se precipitam. O suicídio significa uma coisa para um homem que tem a certeza de ir imediatamente para o purgatório; outra para aquele cujo primeiro passo será vingar-se de seus inimigos; outra para um terceiro, que acredita que permanecerá consciente em seu túmulo por alguns milhares de anos; e outra para um quarto, que não tem a menor ideia se sobreviverá ou reviverá. Quando Curtius[31] saltou no abismo, provavelmente ele saltou na escuridão total, não apenas física; mas, quando Guyon de Marselha[32] se banhou no

---

31. Referência à lenda de Marcus Curtius que, segundo a mitologia romana, saltou com seu cavalo em um abismo para aplacar a ira dos deuses e salvar a cidade de Roma [N.T.].

32. Referência provável a Marc Guyon que atuou no combate à peste na França, falecendo após contrair a doença. Ver, por exemplo, *The Gentleman's Pocket Magazine; and Album of Literature and Fine Arts*, de Joseph Robins (1829); *The Record of a Good Man's Life (The Papers of the Rev. Ernest Singleton.)*, de Charles Benjamin Tayler (1832) [N.T.].

sol pela última vez, na varanda da casa onde estava recluso com o corpo tomado pela peste que o mataria, ele teve fé de que deveria partir de uma luz solar que nascia e minguava para um lugar onde "não havia necessidade do sol e nem da lua para iluminá-lo, sendo a glória de Deus a sua luz". O muçulmano doente – que, abandonando seu grupo e temendo permanecer insepulto, abre sua própria cova e se deita nela, envolto em suas roupas mortuárias, e se cobre, com exceção do rosto, deixando-o que o vento o encha de areia – estremece ao pensar nos dois anjos examinadores que virão à noite para prová-lo e talvez torturá-lo. A dama inglesa, que bebeu láudano ao descobrir que tinha uma doença fatal por medo de se tornar repugnante para o marido a quem havia dedicado sua vida, tinha diante de si a ideia proeminente de reencontrar-se com ele; de modo que a vida em um mundo oferecia tanta esperança quanto, no outro, desespero. – As nações compartilham diferenças como essas, de acordo com o sentimento religioso predominante; e a partir dessa espécie de ato é possível inferir o sentimento de forma mais ou menos apurada.

O suicídio é muito comum entre uma raça de africanos que o prefere à escravidão. Eles acreditam em uma vida de conforto e liberdade tropical após a morte e precipitam-se nela com tanta avidez ao serem reduzidos à escravidão que os colonizadores de Cuba os rejeitam no mercado sabendo que, depois de algumas horas, ou dias, apesar de todas as precauções, nada além de seus cadáveres restará nas mãos de seus senhores. Nos últimos anos, os franceses cometeram muitos suicídios, enquanto há poucos ou quase nenhum na Irlanda. Descobriu-se que a parte mais vaidosa e mais sensível da multidão francesa eram as classes que produziam as vítimas. Se uma jovem e seu amante atirassem um contra o outro com pistolas amarradas com fitas cor-de-rosa, dois ou três suicídios com fitas azuis e verdes certamente se seguiriam ao anúncio do primeiro no jornal, até que um médico sensato sugeriu que os suicídios não deveriam ser publicados nos jornais ou deveriam ser tratados com desdém: o conselho foi seguido e provou ter um bom resultado. Essa profusão de autoassassinatos não poderia ter ocorrido onde há uma crença séria em uma entrada imediata no purgatório, tal como maioria dos irlandeses acredita. Apenas em um estado de especulação vaga sobre outras vidas, o futuro poderia ter operado como um freio tão sutil sobre os impulsos precipitados do presente. Os irlandeses, uma raça impetuosa, assim como os franceses, e com uma boa dose de vaidade, de sensibilidade e de sentimento, são provavelmente dissuadidos de desperdiçar a vida em função daquelas convicções e sentimentos religiosos que os franceses outrora davam a mesma importância, mas que agora se encontram em transição para outro estado.

Um único ato de suicídio é muitas vezes indicativo, seja negativa ou positivamente, de um estado de sentimento predominante. Um único ato do Sati[33] revela, de forma inequívoca, o poder dos brâmanes e a condição dos devotos hindus. Uma criança americana de 6 anos de idade testemunhou, por acaso, um espetáculo desses na Índia. Ao voltar para casa, ela disse à mãe que tinha visto o inferno e foi castigada por dizer isso – sem saber por que, pois ela falou com toda a seriedade e, ao que nos parece, com uma verdade eloquente. – O suicídio relativamente recente de um estimável oficial inglês, na véspera de uma corte marcial, pode ensinar muito a um estrangei-

---

33. Antigo costume, em algumas comunidades hindus, que obrigava (moralmente) a viúva devota a se sacrificar viva na fogueira da pira funerária de seu marido falecido [N.T.].

ro sobre a questão da honra militar no país. Esse oficial sucumbiu no conflito entre princípios universais e profissionais. Sua justiça e sua humanidade levaram-no a ter uma conduta gentil com uma multidão hesitante de desordeiros, na ausência de autoridade para agir de outra forma e de qualquer cooperação do poder civil; sua honra militar foi colocada em risco e o homem inocente preferiu a autodestruição a enfrentá-lo, demonstrando assim que muitos aqui sustentam uma noção de honra que está em desacordo com a que eles esperam que prevaleça no além-mundo[34]. – Todo ato de devoção e sacrifício a outros, incluindo a morte, evidencia a existência da filantropia e o fato de ela ser considerada uma honra e uma virtude. Todo sacrifício voluntário narra uma história nacional tão clara como aquela escrita com sangue e espírito por Arnold von Winkelried, em 1386. Quando os suíços enfrentaram os seus opressores na Batalha de Sempach, parecia impossível para eles um ataque efetivo, tamanho o cerco de lanças austríacas. Arnold von Winkelried exclamou: "Vou abrir uma brecha para vocês! Queridos companheiros, lembrem-se da minha família!" Ele recebeu uma rajada de lanças do inimigo e juntou um feixe delas em seu corpo. Seus companheiros avançaram na brecha e venceram a batalha. Eles recordaram sua família e seus descendentes comemoram o sacrifício até os dias de hoje; revelando, assim, o ato como um traço do espírito nacional.

Por meio de observações como essas é possível investigar o sentimento religioso de um povo. Durante a observação, ou ao enfrentar o embaraço de evidências contrárias, o observador deve ter em mente: primeiro, que o sentimento religioso existe em toda parte, por mais baixa que seja sua índole e por mais tosca que seja sua expressão; em segundo lugar, que a moral individual depende, em

---

34. No original, "*elsewhere and hereafter*" [N.T.].

grande medida, do caráter inferior ou elevado do sentimento religioso; e, em terceiro lugar, que a filosofia e a moral do governo guardam relação com ambos – sendo o despotismo de algum tipo a regra natural onde prevalecem as religiões licenciosas e ascéticas, e o governo democrático que só é possível sob uma forma moderada de religião, onde o uso sem o abuso de todas as dádivas constitui o espírito da religião da maioria.

Capítulo II
Noções gerais de moral

Une différente coutume donnera
d'autres principes naturels.
Cela se voit par expérience;
et s'il y en a d'ineffaçables à la
coutume, il y en a aussi de la
coutume ineffaçables à la nature.

Pascal

Além da religião de um povo, é necessário aprender quais são as suas noções de moral. No que se refere à noção popular de senso moral, foi mencionado que, longe de haver um consenso em torno da prática da moral, coisas que são consideradas eminentemente corretas em uma época ou país passam a ser consideradas eminentemente erradas em outro; por outro lado, as pessoas de cada época ou país, tendo crescido sob influências comuns, pensam e sentem de forma suficientemente parecida para viverem juntas em um acordo geral a respeito do que é certo e errado. É tarefa do viajante identificar qual é esse acordo geral nas sociedades que ele visita.

Em uma sociedade, as realizações espirituais serão as mais honradas, como na maioria das comunidades religiosas. Em outra, as qualidades inerentes à eminência intelectual serão cultuadas, como acontece atualmente nos países mais avançados na preparação para a liberdade política – a França, a Alemanha e os Estados Unidos. Em outras, as qualidades morais associadas ao poder físico ou extrínseco são as mais veneradas – como em todos os países incivilizados e todos os que vivem sob regimes feudais.

As qualidades morais inferiores pertencentes a essa última classe têm sido características das nações. A valentia dos espartanos, o amor pela glória dos romanos e dos franceses, o orgulho dos espanhóis – essas qualidades morais infantis pertencem a um povo tanto quanto a um indivíduo. – Aquelas associadas à eminência intelectual não são tão marcadamente características de nações inteiras; embora elogiemos os atenienses por seu amor pelas letras e tributo à filosofia; os italianos, por sua liberalidade em relação à arte e sua adoração por ela, embora uma glória menor seja também a moda; os alemães, por seu empenho especulativo e paciência na análise; e os americanos por sua reverência ao intelecto acima da fama militar e do esplendor da riqueza. – Nenhuma qualidade espiritual elevada jamais caracterizou uma nação, ou mesmo – apesar de muitas afirmações – qualquer comunidade estimável. A hospitalidade e a beneficência caracterizam algumas sociedades religiosas: a não resistência dos quakers, a diligência dos morávios e de vários povos unidos pelo princípio da propriedade comunitária poderiam ser citados – mas isso parece ser tudo. A temperança, a piedade e a castidade impostas às sociedades monásticas não valem nada nesse sentido porque, sendo imperativas, elas não revelam nada do sentimento posterior aos votos. O povo dos Estados Unidos é o que mais se aproxima de se caracterizar por qualidades espirituais elevadas. Sua promessa inicial era elevada – uma circunstância bastante favorável a eles, embora (como seria de se esperar) não a tenham cumprido. Eles ainda são movidos pela ambição do território e não têm fé suficiente na força moral para confiar nela, como dizem fazer. Os suíços, em seu amor inabalável e devoção particular pela liberdade, parecem distinguir-se espiritualmente de outras nações, mas eles não possuem nenhuma outra característica marcante dessa classe mais elevada.

A verdade é que, qualquer que seja o estado moral das nações à medida que o mundo humano emerge de sua infância, as qualidades espirituais elevadas são ainda hoje questões de interesse individual, como o foram outrora as da classe intelectual; e a sua prevalência geral é apenas uma questão de tempo. Houve um tempo em que a terra pantanosa ecoava o barulho de criaturas monstruosas, em que não havia razão para classificá-las nem linguagem para nomeá-las. Então, passado um certo número de eras, a terra tornou-se mais seca; palmeiras e matagais tropicais floresceram onde hoje fica Paris; e as águas foram contidas em lagos nas regiões onde os exércitos de Napoleão acamparam recentemente. Posteriormente, surgiu o animal homem, selvagem, usando da sua força física como os animais inferiores e aprendendo, pela experiência de suas limitações, que ele possuía outro tipo de força. Contudo, por muitas eras, o uso que ele fazia da razão era para superar a força física dos outros e garantir o seu próprio quinhão. Com base nesse princípio e com esse objetivo, de formas diversas e mais ou menos refinadas, as sociedades são constituídas até hoje; porém, como a moral é o fruto do qual o intelecto é a flor, o espiritualismo – a fé no poder moral – existe nos indivíduos desde o primeiro exercício livre da razão. Enquanto todas as nações destruíam umas as outras sempre que tivessem a oportunidade, sempre houve pais que não abusavam de seu poder físico sobre os filhos. Em meio a um culto geral do poder, da linhagem e da riqueza, as afeições geram nas mentes individuais uma preferência pela obscuridade e pobreza em relação aos objetivos espirituais. Em meio à supremacia do culto à honra e ao conforto social, sempre existiram confessores capazes de suportar a miséria em nome da verdade e mártires capazes de morrer por ela.

– Esses casos individuais nunca faltaram e, em conexão necessária com esse fato, sempre houve uma simpatia por esse anseio puramente moral – uma admiração que certamente cumpre um papel na sua difusão. Daí a formação de comunidades para a promoção da santidade – projetos que, por mais equivocados em seus métodos e prejudiciais em suas consequências, sempre foram, e ainda são, objeto de simpatia, desde a sua origem venerável. Nem todas as histórias de abusos das instituições monásticas podem destruir o respeito das mentes honestas pelas preferências espirituais lhes deram vida. As Cruzadas ainda são sagradas, apesar de todas as suas perversões de vanglória, superstição e barbárie de tipos diversos. A fuga dos peregrinos[35] para as florestas do Novo Mundo silencia o descaso dos indiferentes com as extravagâncias do puritanismo na Inglaterra.

Até aqui a raça humana progrediu e, dado seu progresso, há razões para crer que chegará a época em que o culto individual da supremacia espiritual se expandirá para a nação; quando um povo será capaz de concordar em governar-se mutuamente com o menor uso possível da força física; quando a bondade passará a ser naturalmente mais honrada do que o nascimento, a riqueza ou mesmo o intelecto; quando a ambição do território será abandonada; quando todo pensamento de guerra terá se extinguido; quando a busca pelas necessidades e luxos da vida externa será considerada como um meio para um fim; e quando o objetivo comum a ser perseguido será a perfeição própria e mútua. Não parece precipitado prever um esta-

---

35. Referência aos primeiros colonos ingleses na América do Norte, que fugiram da perseguição religiosa na Inglaterra no século XVII [N.T.].

do das questões humanas como esse, quando uma aspiração como a seguinte tenha sido abraçada por milhares de republicanos unidos sob uma constituição de ideias. "Talento e mérito são as únicas bases eternas da distinção. A elas, o Todo-poderoso atribui sua patente de nobreza eterna; e são elas que definem os iluminados, 'os nomes imortais', aos quais nossos filhos podem aspirar, assim como outros. Será nossa própria culpa se, em nosso país, a sociedade e o governo não estiverem organizados sobre uma nova base." – "Conhecimento e bondade – essas qualidades nos distinguem no céu e devem constituir a escala de graduação de uma verdadeira democracia"[36].

Enquanto isso, cabe ao viajante descobrir qual é a espécie de sentimento moral mais arraigada no coração da maioria das pessoas.

Epitáfios

Ele não encontrará melhor lugar de estudo do que o cemitério, nem lição mais instrutiva do que os epitáfios. A linguagem breve dos mortos lhe ensinará mais do que os longos discursos dos vivos.

Ele descobrirá quais são as visões predominantes sobre a morte; e, ao saber qual é a visão comum da morte, ele também conhecerá a perspectiva sobre a vida de muitos deles – isto é, ele haverá penetrado no interior de sua moral. – Se algum dia ficar totalmente provado que as pirâmides do Egito foram concebidas apenas como locais de sepultura, elas deixarão de ser as testemunhas silenciosas que são há séculos. Elas dirão, no mínimo, que a morte não era considerada o grande nivelador – que reis e camponeses não deveriam repousar lado a lado na morte, assim como em vida. Como elas contrastam com os cemitérios da Morávia, onde todos são sepultados em filei-

---

36. HOME, de Catharine Maria Sedgwick, p. 37, 39.

ras ao morrerem e os funerais são proibidos! – Os mortos de Constantinopla são expulsos da proximidade com os vivos no deserto, na quietude e na solidão. Os cemitérios ficam depois das muralhas, onde não se ouve um ruído da cidade e os ciprestes escuros que pendem sobre os túmulos de mármore branco dão um ar de luto e desolação à paisagem. Em contraste, nos cemitérios das cidades inglesas, os mortos ficam à plena vista dos vivos; o menino brinca entre eles e as notícias do dia são debatidas em cima do seu lugar de descanso. Esse fato relativo ao lugar onde os mortos são colocados é importante. Se estiverem fora de vista, a morte e a religião podem ou não estar conectadas no sentimento geral; se estiverem dentro ou próximos dos locais de culto, elas certamente estão muito conectadas. Nos cemitérios da Pérsia as cinzas dos mortos são colocadas em nichos nas paredes; no Egito, temos o exemplo mais marcante de afeição ao corpo, demonstrado no cuidado extraordinário em preservá-lo; por sua vez, alguns povos semicivilizados parecem contentar-se em esconder seus mortos, afundando-os sumariamente na água ou enterrando-os na areia; e os cafres[37] jogam seus mortos às hienas – motivados, porém, não tanto pelo desrespeito aos mortos, mas por um medo supersticioso de que a morte recaia sobre suas habitações, o que os leva a repelir os moribundos e a expô-los neste estado aos animais selvagens. O sepultamento dos mortos à beira da estrada por alguns povos antigos parece ter colocado a morte em uma relação mais próxima com a vida; e quando o local escolhido é analisado em conexão com as inscrições nos túmulos – palavras dirigidas ao viajante como se vindas de quem jaz adentro, do pere-

---

37. Termo obsoleto, hoje considerado ofensivo, usado na época para designar as populações negras africanas, em geral, e a população banta do sudeste da África, em particular [N.T.].

grino agora em repouso para o peregrino ainda em caminho – elas dão indicações claras das visões de morte e de vida nutridas por aqueles que as colocaram ali.

Muito pode ser aprendido com os epitáfios de todas as nações. Acredita-se que o primeiro epitáfio remonta ao A.M. 2700[38], quando os discípulos de Linus, o poeta de Tebas, lamentaram seu mestre em versos inscritos no seu túmulo. Desde então, onde quer que existam letras, há epitáfios; e, onde faltam letras, há símbolos. Arranjos simbólicos misteriosos são encontrados nos montes funerários no interior do continente americano, onde uma raça da qual nada mais sabemos floresceu antes que o pele-vermelha viesse à luz. Uma regra comum, derivada de um sentimento universal, rege a elaboração de todos os epitáfios há alguns milhares de anos. "*De mortuis nil nisi bonum*"[39] é a convenção universal dos enlutados[40]. Assim, em todos os lugares, os epitáfios apontam para o que é considerado bom.

O observador deve estar atento a isso. Em um povo "cujos mercadores são como príncipes", o elogio aos que partiram terá um tom diferente daquele encontrado em uma nação guerreira ou uma comunidade de agricultores. Em um caso, vê-se um grande tributo ao espírito público na forma de cidadania ativa; em outro, à virtude doméstica como a honra mais elevada. A glória da posição ilustre, da linhagem familiar, dos feitos de guerra e dos privilégios da corte pode ser ostentada em um distrito; em outro, os mortos são honrados na proporção do seu desprezo pela grandeza humana, mes-

---

38. *Anno Mundi*, cerca de 1060 a.C. [N.T.].

39. "Dos mortos só se diz o bem" [N.T.].

40. Raramente, um viajante encontrará alguma exceção a isso. Há um cemitério, em uma vila na Inglaterra, onde se encontra a seguinte inscrição. Após o nome e a data, lê-se: Ele foi um mau filho, / Um mau marido, / Um mau pai. / "Os maus irão para o inferno."

mo quando alcançada por mérito, por terem vivido com um único apreço "pelas coisas invisíveis e eternas". Uma inscrição que exala o orgulho de uma família nobre, ao dizer que "todos os filhos foram valentes e todas as filhas castas", oferece uma síntese da moral da época e da classe a que pertence. Ela revela que a honra suprema dos homens era ser corajoso e a das mulheres era ser casta, excluindo a hipótese de que pudessem compartilhar da virtude do outro; no entanto, quando a coragem e a pureza forem compreendidas em seu significado pleno, se tornará essencial para a honra de uma família nobre que todos os filhos sejam também puros e todas as filhas corajosas. Então, a bravura expressará a coragem moral e não física, e a pureza da mente não será considerada um atributo de gênero.

Até mesmo a natureza dos serviços públicos celebrados, em lugares onde o serviço público é considerado a maior consagração, pode ser bastante reveladora. Trata-se de um fato de grande importância se um homem é venerado após a morte por ter construído uma estrada, ou por ter fundado um mosteiro, ou por ter financiado uma escola; se ele introduziu uma nova mercadoria ou se ergueu uma igreja; se ele se lançou em busca da conquista ou se lutou bravamente em meio às suas montanhas nativas para proteger as casas de seus compatriotas de ataques. Os monumentos alemães, franceses e suíços deste século contam todos a história comum de que os homens viveram e morreram: mas por quantos objetivos diversos eles viveram! E com quantas doses de esperança e heroísmo eles morreram! Todos eles se orgulhavam de suas respectivas diferenças em vida; e, agora que suas contendas chegaram a um fim, eles fornecem materiais de especulação ao estrangeiro que reflete sobre seus túmulos.

Uma variedade de homenagens, talvez até contraditórias, pode ser encontrada nos epitáfios de um país, de uma cidade ou de um único cemitério. Onde há essa diversidade, ela atesta a diversidade de opiniões defendidas e, portanto, a liberdade do sentimento religioso predominante. Em toda parte, porém, há uma afeição e estima por certas virtudes. O desinteresse, a fidelidade e o amor são objetos de exaltação em todos os lugares. Alguns podem não se interessar pelos feitos do guerreiro e outros pelas descobertas do filósofo e do aventureiro; mas o pai honrado, o filho dedicado e o cidadão filantrópico têm o apreço de todos os corações.

Ainda que haja uma variedade de elogios proporcional à diversidade de corações e mentes que os proferem, as inscrições de um cemitério não deixam de exalar um espírito que anima, em maior ou menor grau, a moral da sociedade. Por exemplo, em Paris, o Cemitério Père-Lachaise expressa, de uma ponta à outra, um lamento. Há apenas luto e nenhuma esperança. Todas as expressões de tristeza, do leve remorso ao puro desespero, podem ser encontradas ali; mas nem um pingo de consolo, com exceção da memória. Tudo acabou e o futuro é vazio. Um contraste notável se encontra no cemitério de Mount Auburn, em Massachusetts. O espírito religioso da Nova Inglaterra tem na esperança um de seus principais elementos, que os pastores puritanos acreditavam coibir a expressão da tristeza. Um desses pastores escreveu em seu diário, nos primórdios da colônia, que Deus havia feito a sua vontade ao tirar dele, em um acidente, seu amado filho Henry, a quem ele entregou à misericórdia do Senhor – e isso foi tudo. Os epitáfios do Monte Auburn contêm um espírito semelhante. Há um silêncio religioso sobre as tristezas dos vivos e a expressão plena de alegria, gratidão e esperança pelos mortos. Alguém que nunca tenha ouvido falar da morte poderia confundir o cemitério com o canteiro da vida, o oratório dos felizes, o paraíso dos esperançosos. Do túmulo, os pais convidam seus filhos para segui-los. Os filhos lembram aos pais que a separação não durará muito; e todos depositam suas esperanças juntos em uma autoridade que é, para eles, tão estável e abrangente quanto o céu azul acima de tudo e de todos. – Que contraste vemos aqui! E como ele é eloquente a respeito das perspectivas morais dessas nações! Não há um vínculo ou relação social que não seja necessariamente modificado, elevado ou deprimido pela convicção de ele ser transitório ou imortal – como um fim ou um meio para um fim superior. Embora os corações humanos sejam tão semelhantes a ponto de haver uma esperança de reencontro, mais ou menos definida e afirmada, em todos os que amam e uma possível oscilação dessa esperança mesmo entre aqueles mais convictos – ainda assim as noções morais de qualquer sociedade devem ser muito diferentes onde o alicerce da esperança é incontestável e onde ele é completamente velado.

Amor pela família e lugar de nascimento

O observador pode obter mais luz sobre as noções morais de um povo analisando o grau de seu apego à família e ao lugar de nascimento. Esse tipo de apego é tão natural que ninguém está totalmente livre dele, mas o seu grau varia na medida em que a preferência moral do povo o alimente ou o reprima. Pais suíços e americanos mandam os seus filhos para o exterior, mas como seus sentimentos e perspectivas são diferentes! O pai suíço envia a filha para lecionar em uma escola de Paris ou de Londres, e os filhos para o comércio ou para a guerra. Ele se resigna a uma necessidade penosa e lhes dá apoio com sugestões sobre a honra da independência virtuosa e o prazer de retornar, quando ele for alcançado. Em seu exílio, eles não podem ver uma sombra púrpura na encosta de uma montanha, uma lâmina de água brilhante ou uma aldeia acolhedora, sem sentir um aperto no coração e uma saudade doentia de voltar para casa. – A mãe da Nova Inglaterra, com seu bando de filhos ao seu redor em sua fazenda na encosta, alimenta-os com histórias sobre a extensão nobre de seu país – sobre como suas fronteiras estão sempre se deslocando para o Oeste, a vida selvagem que existe na floresta, tendo como vizinhos os peles-vermelhas, e a riqueza inesgotável no solo, disponível para quem tenha iniciativa de trabalhar por ela. Ela fala de uns e de outros, mas, ultimamente, de jovens como seus filhos, que agora são juízes e legisladores – fundadores de cidades ou que têm condados que levam seus nomes. À medida que seus filhos crescem, eles partem ansiosamente da antiga fazenda – um para uma cidade do Sul, outro para a floresta no Ocidente, um terceiro para uma pradaria em um território novo; e as filhas se casam e vão para as montanhas também. A mãe pode ter lágrimas a esconder, mas ela as esconde; e os filhos, longe de protelarem, ficam impacientes até poderem partir. Sua ideia de honra nacional – sua ambição tanto patriótica quanto pessoal – está em jogo; e eles abraçam a hora da partida como o primeiro passo em direção aos grandes desígnios de sua vida. Alguns retornam à antiga vizinhança para encontrar uma esposa, mas eles não pensam em passar a segunda infância onde passaram a primeira – não mais que os colonos gregos, que se alastraram de seus pequenos distritos de origem. Os colonos vão para o Oeste não para conquistar uma certa quantidade de bens pessoais, mas para conquistar terras, posição social e poder. – Por outro lado, como os escoceses são diferentes – o povo com os laços familiares mais fortes! No feudalismo adaptado e elevado dos clãs, o orgulho e o amor pela família constituem o princípio social vital. A música do seu clã é, para eles, como a *Ranz de Vaches*[41] para os suí-

---

41. Melodia tradicional entre os pastores dos Alpes suíços, cujos primeiros registros formais datam do século XVIII, associada à nostalgia e às saudades de casa [N.T.].

ços: uma ecoa as harmonias das relações sociais, enquanto a outra resgata as melodias da vida nas montanhas. Por meio do amor pela família, o amor pelo lugar de nascimento floresce entre os escoceses. No Canadá, os emigrantes das Terras Altas da Escócia não apenas se dão as mãos ao ouvir a marcha do seu clã; eles também choraram ao descobrir que a urze não cresce em seu solo recém-adotado.

Conversas com idosos e crianças

O viajante deve conversar com os idosos e observar qual é o caráter da tagarelice da idade. Ele deve conversar com as crianças e identificar o caráter das aspirações da infância. Assim, ele descobrirá o que é considerado bom aos olhos daqueles que vivenciaram a sociedade que estuda e na esperança daqueles que ainda não ingressaram nela. A mãe idosa se orgulha de que todos os seus filhos tenham a honra imaculada e que suas filhas estejam seguras em lares felizes? Ou ela se vangloria de que um é padre e a outra é fidalga? A avó relata que todos os seus descendentes maiores de idade são "membros reconhecidos da igreja"? Ou que seu neto favorito foi notado pelo imperador? Os homens mais velhos falam de um único amor feliz ou das conquistas de galanteio? Do sucesso comercial ou do fracasso político? A qual aspecto da vida se apega a maior parte das memórias antigas? Às batalhas por um príncipe escondido ou a um conflito revolucionário? À abolição de uma opressão social, a uma época de provações domésticas, ou a uma ascensão de importância pessoal? A ter obtido um cargo ou um título? Ou ter apoiado a abolição da escravatura? Ou ter conversado com um grande autor? Ou ter recebido um aceno de um príncipe ou uma saudação de uma rainha? Ou você tem que ouvir detalhes sobre o ano da escassez ou o período da peste? – E o que habita a mente das crianças? Uma criança das Índias Ocidentais não falará em escolher uma profissão, assim como uma criança portuguesa não pedirá livros. Em uma nação, as crianças falarão sobre o último dia santo, em outra, tudo se referirá ao imperador. Em outros lugares, você ouvirá lendas sem fim; ou aprenderá sobre negociações e salários; ou os meninos perguntarão por que o filho de um rei deveria ser rei, quer o povo goste dele ou não; e as meninas sussurrarão algo sobre o irmão delas se tornar presidente algum dia. Uma vez que as mentes dos jovens são formadas, de um modo geral, em adaptação aos objetivos que lhes são apresentados, a sua preferência pela honra da guerra à do comércio, ou pela honra literária à política, é uma circunstância eloquente: assim como seu senso de grandeza, em qualquer direção – seja de ordem física, intelectual ou espiritual.

Natureza do orgulho predominante

A partir disso há uma transição natural para o estudo do caráter do orgulho de uma nação. Descubra do que as pessoas se vangloriam e você aprenderá muito sobre a teoria e a prática de sua moral. Todas as nações – assim como todos os indivíduos – sentem orgulho, mais cedo ou mais tarde, de uma coisa ou de outra. Trata-se de uma fase que elas têm de atravessar em sua progressão moral e que as mais civilizadas ainda não superaram nem se deram conta de que terão de superar, embora a paixão se torne mais moderada a cada distanciamento da barbárie. Não está claro, de forma alguma, que o absurdo essencial de uma época seja atenuado por seu enfraquecimento. No futuro, o orgulho mais moderno do povo mais civilizado pode parecer tão ridículo quanto a pretensão mais grosseira dos bárbaros nos parece agora; mas, ainda assim, a direção tomada pelo orgulho geral deve apontar qual classe de objetivos é a mais estimada.

Os chineses não têm nenhuma dúvida de que todos os outros países existem para o benefício do seu; eles o chamam de "império central", assim como certos filósofos antigamente consideravam a nossa terra o centro em torno do qual todo o resto orbitava. Eles o chamam de Império Celestial, cujo governante é o Sol: "eles professam governar os bárbaros pela desordem, como animais selvagens e não como súditos nativos". Aqui temos o extremo do orgulho nacional, que deve envolver várias qualidades morais; todas as más, que são consequência da ignorância, da subserviência ao despotismo doméstico e do desprezo pela raça humana; e as boas, consequência do isolamento nacional – a diligência alegre, a complacência social, a quietude e a ordem. – O orgulho árabe se assemelha ao chinês, mas é, de certa forma, mais refinado e espiritualizado. Os árabes acreditam que a terra, "estendida como uma cama" e sustentada por um anjo gigantesco (o anjo em pé sobre uma rocha, a rocha sobre um touro e o touro sobre um peixe, o peixe flutuando sobre a água e a água flutuando sobre as trevas) – que a terra, assim sustentada, é cercada pelo Oceano Circum-ambiente; que a parte habitada da terra é, em relação ao resto, como uma tenda no deserto; e que bem no centro dessa parte habitada está Meca. A sua fé exclusiva é parte de sua nacionalidade e a sua insolência se manifesta de forma proeminente em suas devoções. Sua supremacia espiritual é sua fortaleza; e eles podem se dar ao luxo de serem um pouco menos ostensivamente desdenhosos da raça humana em geral, dada a certeza que eles têm de que, por fim, tudo se tornará claro e indiscutível, quando apenas os discípulos do Profeta serão admitidos à bem-aventurança e os castigos do mundo futuro serão eternos para todos, exceto os muçulmanos fervorosos. Em consonância com esse orgulho há entre os árabes uma forte fidelidade mútua; e, na melhor classe de crentes, uma devoção real e uma compaixão gentil para com os excluídos; ao passo que, entre as mentes inferiores, podemos esperar testemunhar a exasperação extrema da vingança, do insulto e da rapacidade. – Podemos desconsiderar o orgulho de casta na Índia, da realeza na África e as noções selvagens de dignidade entre caribenhos e esquimós, quase tão dolorosas de contemplar quanto as aberrações do orgulho em Bedlam[42]. Há muito a ser observado nas partes mais civilizadas da terra. – O caráter nacional dos espanhóis pode ser inferido por completo de seu orgulho particularmente notório; os aquartelamentos dos barões alemães são uma piada popular; o orgulho francês da glória militar é um índice da moral nacional da França; enquanto, nos Estados Unidos, o orgulho de Washington e do território estranhamente se combinam e se contrastam. Nada pode ser mais revelador do verdadeiro estado moral dos americanos; eles pairam entre o passado e o futuro, com muitas das pretensões feudais do passado misturadas com as aspirações democráticas que apontam para o futuro. A ambição e o orgulho do território pertencem ao passado e seu orgulho do líder de sua revolução, ao futuro: ele é a personificação do poder moral ao qual eles declaram lealdade. As consequências dessa união arbitrária de dois tipos de orgulho nacional podem ser vislumbradas. Os americanos unem algumas das qualidades inferiores do feudalismo com algumas das qualidades mais elevadas de uma organização social mais igualitária. Sem as primeiras, a escravidão, a ganância e a ostenta-

---

42. Referência ao *Bethlem Royal Hospital*, o maior e mais antigo hospital para tratamento de doenças psiquiátricas na Inglaterra, conhecido, durante séculos, por suas condições e tratamento desumanos. Fundado no século XIII, até pelo menos meados do século XIX, a instituição permitia e cobrava pelo acesso de visitantes a suas dependências, atraídos pelo *show* de horrores proporcionado por seus internos. A derivação *bedlam*, além de referir-se à instituição, tornou-se sinônimo de desordem, loucura, confusão [N.T.].

ção não existiriam, em grande medida; sem as outras, não haveria o conflito moral extraordinário que testemunhamos em oposição à escravidão nem a reverência pelo homem, que é a característica mais encantadora da moral e dos costumes americanos.

O estrangeiro pode fazer inferências não menos corretas a partir do orgulho aristocrático dos ingleses. Caso ele descubra que, dificilmente, existe entre nós um guarda de caça ou um comerciante que não esteja endurecido por preconceitos de classe; que os mexericos podem revelar quais nobres pagam e quais não pagam suas contas com seus fornecedores; que pessoas que nunca viram um lorde sabem todas as informações sobre a genealogia e a endogamia das famílias nobres; que todas as classes imitam os costumes da que está acima delas; e que os princípios democráticos são defendidos principalmente nos distritos industriais ou, nas regiões rurais, entre os arrendatários dos proprietários de terras de tendência liberal – a condição moral desse povo se revela, por assim dizer, aos olhos do observador. Eles devem ser ordeiros, eminentemente industriosos, generosos em suas concessões aos governantes e instintivamente opressivos com a classe mais baixa dos governados; nacionalmente complacentes, ao mesmo tempo em que carentes de respeito por si próprios; inclinados a reverenciar a minoria nobre e propensos ao desdém pela maioria humilde de sua raça; uma devoção generosa vantajosamente misturada, por outro lado, com a reverência seleta e um espírito gentil de proteção misturado com puro desprezo. Essas são, aos olhos de um observador, as qualidades presentes no orgulho inglês. Sobre essas questões morais, difundidas por toda parte, o viajante deve observar e refletir.

Natureza dos ídolos populares

O culto ao homem é uma prática tão universal quanto o do tipo superior de religião. Em todos os lugares, os homens cultuam alguns supostos agentes de coisas invisíveis; de modo similar, eles também estão dispostos a cultuar o que, diante de seus olhos, é venerável nas ações de um homem vivo. Esse culto ao homem é uma das circunstâncias mais honrosas e mais esperançosas na mente da raça humana. Um indivíduo, aqui e ali, pode zombar da credulidade dos outros e afirmar sua descrença na virtude humana; mas nenhuma sociedade jamais careceu de fé no homem. Toda comunidade tem os seus santos, os seus heróis, os seus sábios – cujos túmulos são visitados, cujos feitos são celebrados, cujas palavras se tornam as regras que guiam a vida dos homens.

Ora, em nenhum lugar o gosto moral de um povo é mais evidente do que na sua escolha de seus ídolos. Há dois tipos desses ídolos – aqueles cuja divindade é confirmada pela passagem do tempo, como Gustavo Adolfo[43] entre os suecos, William Tell[44] na Suíça, Henrique IV entre os franceses, e Washington entre os americanos; e aqueles ainda vivos, cujas ações diárias atraem uma multidão de olhares.

Os do primeiro tipo reinam sozinhos; sua influência incontestável recobre o caráter nacional, bem como as afeições das mentes individuais; e de seu caráter pode-se inferir o de todo o povo, em

---

43. Referência a Gustavo Adolfo II (1594-1632), rei da Suécia de 1611 até sua morte, em 1632, considerado um dos maiores comandantes militares da história moderna e fundador do Império Sueco, como uma grande potência regional, ao liderar o país durante a Guerra dos Trinta Anos [N.T.].

44. Herói lendário do início do século XIV, tipicamente associado à guerra de libertação nacional da Suíça face ao Império Habsburgo da Áustria. Embora sua autenticidade histórica seja questionada, segue sendo figura importante na cultura popular do país [N.T.].

certos aspectos. Como supor que os suíços seriam os mesmos se o caráter e os feitos de Tell tivessem caído no esquecimento no mesmo momento em que eles se concluíram? Como seriam os americanos hoje se todas as impressões sobre Washington tivessem sido apagadas de suas mentes há cinquenta anos? Este não é o lugar para esmiuçar esse poder – o maior poder que conhecemos – que um homem exerce sobre os outros em suas afeições; mas trata-se de um fato que o observador deve sempre manter em vista. A existência de um grande homem é uma daquelas circunstâncias gigantescas, uma daquelas influências nacionais que, como já mencionado, são capazes de modificar a consciência – os sentimentos a respeito do certo e do errado – de todo um povo. Os propósitos de uma nação podem ser determinados, para sempre, pelo fato de o grande homem de cinco séculos atrás ser um poeta, um guerreiro, um estadista ou um aventureiro dos mares. A moral de uma nação é influenciada, por toda a eternidade, pelo fato de o grande homem ter sido ambicioso ou moderado, passional ou filosófico, licencioso ou disciplinado. Ele deve possuir certas qualidades elevadas, caso contrário ele não teria alcançado a grandeza: vitalidade, perseverança, fé e, consequentemente, seriedade. Essas qualidades são essenciais para a sua imortalidade; das anteriores depende a qualidade de sua influência; e cabe ao observador da geração atual refletir sobre as últimas.

Não foi por meio de dogmas que o cristianismo influenciou, para sempre, a mente dos cristãos. Nenhum credo é responsável pela revolução moral que fez com que a força física sucumbisse à força moral, que os miseráveis fossem estimados em virtude de seus infortúnios, que a busca da verdade especulativa se tornasse um objetivo digno da abnegação. Foi o caráter de Jesus de Nazaré que agiu nesse sentido. Apesar de todo o obscurecimento e profanação de que é objeto devido à superstição e outras corrupções, seu caráter serve a esses propósitos e deve prevalecer cada vez mais, agora que não é mais possível deturpar suas palavras e ocultar seus atos, como foi feito na idade das trevas. Com o passar do tempo, à medida que a corrupção é superada, há cada vez mais pessoas que sentem de forma clara que a vida não consiste na riqueza que um homem possui, mas na vitalidade do espírito e no poder e hábito da abnegação. Há, definitivamente, mais e mais pessoas que pensam e vivem pela convicção de que a busca pelo poder e conforto mundanos é uma questão totalmente alheia à função do cristianismo; e essa convicção não se materializa por declarações doutrinárias de qualquer tipo, mas pelo espetáculo, vívido aos olhos da mente, do Santo que recusou a espada e a coroa, que viveu sem propriedades e se entregou à morte violenta, em uma simplicidade de dever sem igual. O próprio ser é o agente aqui; e todo grande homem é, de modo semelhante, não importa em que grau, uma fonte de inspiração para os espíritos. Ao estudá-los, pode-se compreender muito do que houve depois. O observador da moral britânica deve listar os nomes de seus ídolos; ele ouvirá falar de Hampden, Bacon, Shakespeare, Newton, Howard e Wesley. Na Escócia ele ouvirá falar de Bruce e Knox. Quanta luz esses nomes lançam sobre nosso espírito! O mesmo se passa com o cidadão inglês em outros países quando sua atenção se volta, na França, para Henrique IV, Richelieu, Turenne e Napoleão, para Bossuet e Fénelon, para Voltaire e para sua lista grandiosa de filósofos naturais; na Itália, para Lorenzo de Medici, Galileu e suas constelações de poetas e artistas; na Alemanha, para Carlos V, Lutero, Schwartz, Goethe, Copérnico, Handel e Mozart. Em toda nação há uma sucessão de deuses coroados; cada um deles é fundador de alguma região da mente nacional e molda os homens mais ou menos à sua própria semelhança.

Outro tipo de ídolos são aqueles ainda vivos, cuja influência sobre a moral e os costumes é forte, mas que pode ou não ser permanente. Eles fornecem uma evidência menos fidedigna – mas, ainda assim, uma evidência que não deve ser negligenciada. O espírito do tempo se manifesta no caráter dos ídolos de uma época, não importa que a nação possa estar dividida na sua escolha de ídolos e quantas seitas possam existir no culto ao homem de uma geração. Nos dias de hoje, por exemplo, como é fácil identificar o movimento da sociedade, dada a eminência dos filantropos em tantos países! Estejam eles em decadência ou sigam em ascensão, os ídolos expressam um sentimento predominante na sociedade. Père Enfantin na França, Wilberforce na Inglaterra, Garrison na América – eles são sentinelas colocados em um pináculo (não importa quem se oponha à sua presença lá) que podem nos dizer "quanto falta para acabar a noite" e que um novo dia logo chega[45]. Quer eles sejam mais causa ou efeito, quer eles tenham motivado mais ou menos deliberadamente o interesse que eles inspiram, está claro que há uma certa adaptação entre eles e a mente geral, sem a qual eles não poderiam ter ascendido a ser o que são. – Toda sociedade sempre tem seus ídolos. Se, em algum momento, não há nenhum por mérito, a posição social é auferida como qualificação. As massas sempre cultuam os chefes da aristocracia, qualquer que seja seu tipo; e raramente há um longo intervalo sem que haja algum guerreiro, algum poeta, artista ou filantropo a quem a multidão lance coroas e incenso. A popularidade de Lord Byron[46] testemunhava a existência de um descontentamento sombrio em uma multidão de mentes, assim como o culto

---

45. Referência bíblica a Is 21,11-12 [N.T.].

46. Poeta britânico (1788-1824), considerado uma das figuras mais influentes do romantismo [N.T.].

de De Béranger[47] revela os sentimentos políticos dos franceses. Os estadistas raramente lideram uma maioria esmagadora de devotos, pois o interesse entra na política muito mais do que o sentimento: mas todo escritor ou outro artista que consiga alcançar a mente geral – todo pregador, filantropo, soldado ou descobridor que se eleve a uma atmosfera de veneração na busca de um propósito, é um novo Pedro o Eremita, encontrando e incentivando o espírito de seu tempo e revelando seu temperamento ao observador – alheio ao clima ou ao século. Assim como o observador físico de uma região desconhecida pode fechar seus olhos para as montanhas e deixar de considerar para que lado correm os rios, o observador moral pode ignorar os ídolos de uma nação com um olhar negligente.

Épocas da sociedade

Em paralelo, há a investigação das grandes épocas da sociedade visitada. Descubra quais as datas os indivíduos e as nações celebram e você descobrirá quais eventos são mais interessantes para eles. Uma criança recorda a data da sua primeira viagem ou do primeiro dia na escola; um homem, a data do seu casamento, do início da sua profissão ou do estabelecimento de uma nova parceria no comércio; se ele for um agricultor, lembrará o ano de uma boa ou de uma má colheita; se for comerciante, um período de pressão cambial; se for operário, a paralisação da greve; uma matrona lembrará a data de nascimento dos filhos; sua ama, a da sua mudança para a residência. As nações também recordam as datas daquilo que mais lhes interessa. É importante descobrir o que é isso. A data mais importante para

---

47. Pierre Jean de Béranger (1780-1857), poeta, libretista e compositor francês, participou do movimento que se seguiu à Revolução Francesa e ao fim do Império, escrevendo algumas das canções mais emblemáticas do fervor revolucionário da época [N.T.].

os cidadãos americanos é a Revolução; suas datas secundárias são as eleições e as novas admissões à Federação. As pessoas em Amsterdã recordam a data da conclusão do Stadt Huis; os espanhóis, da conquista de Colombo; os alemães, do feito de Lutero; os haitianos, da prisão de Toussaint L'Ouverture; os cherokees, dos tratados com os brancos; o povo da Ilha Pitcairn, do motim do Bounty; os turcos, atualmente, do massacre dos janízaros; os russos, da fundação de São Petersburgo e da morte de seus monarcas; os irlandeses (em tempos mais recentes do que a Batalha de Boyne), do ano da febre, do ano da rebelião, do ano da carestia. Há um mundo de informações nesse tipo de fato; e se uma nova espécie de época, da qual existe uma promessa, surgisse – se as obras mais elevadas dos homens viessem a ser consideradas como as intervenções mais claras da Providência, se a Alemanha ou a Europa recordassem Goethe como o mundo civilizado recorda Colombo – esse único teste pode revelar, quase por completo, o estado moral da sociedade.

Tratamento aos condenados

O tratamento dispensado aos condenados é um indicador muito importante das noções morais de uma sociedade. Essa classe de fatos fornecerá, no futuro, inferências infalíveis quanto aos princípios e opiniões dos governos e das pessoas a respeito do vício, suas causas e soluções. No presente, esses fatos devem ser analisados com grande cautela porque as sociedades dos países civilizados se encontram em um estado de transição da antiga vingança para uma filosofia moral mais pura. Os métodos antigos, por mais vergonhosos que sejam, persistirão até que a sociedade esteja totalmente de acordo e preparada para métodos melhores; e seria cruel julgar a humanidade dos ingleses a partir das suas prisões, ou a justiça dos franceses a partir do seu sistema de galés. Os graus de dependência da força bruta e da opinião pública ainda não são, de forma alguma, proporcionais à civilização dessas sociedades, como seria de se esperar à primeira vista e como deverá ser antes que as penas e prisões possam ser tomadas como indicadores da moral e dos costumes.

O tratamento aos condenados em terras selvagens, assim como em países sob despotismo, revela apenas a moral dos governantes – exceto na medida em que ele aponta para a subserviência política do povo. De fato, os birmaneses devem necessariamente estar em um estado social deplorável, caso seu rei possa "estender" seu primeiro-ministro ao sol, como descrito anteriormente; mas a misericórdia ou a crueldade de seus súditos só podem ser inferidas a partir da liberdade que eles têm e usufruem de tratar uns aos outros da mesma maneira. No caso dos birmaneses, vemos que eles dispõem de tal poder e o exercem. O credor expõe a esposa, os filhos e os escravos do seu devedor ao mesmo sol do meio-dia que tosta o primeiro-ministro. Na Áustria seria difícil supor que os súditos têm qualquer desejo de tratar uns aos outros como o imperador e o seu ministro tratam os criminosos políticos no interior dos muros do Castelo de Spielburg. Os russos em geral não devem ser responsabilizados pelo transporte de nobres e cavalheiros acorrentados para as minas de prata da Sibéria e para os regimentos na fronteira. Apenas em um governo representativo é possível que as prisões e o tratamento aos criminosos ao abrigo da lei sejam considerados, de forma justa, como evidência dos sentimentos da maioria.

Também é verdade, contudo, que as punições têm um caráter vingativo em quase todos os lugares e elas guardam mais relação com algum suposto princípio de "não deixar o vício impune" do que com a segurança da sociedade ou a reabilitação do infrator. As poucas exceções que existem são um testemunho muito mais conclusivo de um estado moral em evolução do que os velhos métodos são do espírito vingativo da sociedade que eles corrompem e deformam. A penitenciária da Filadélfia é uma prova da humanidade consciente e diligente daqueles que a instituíram; mas a prisão de Newgate não pode ser considerada uma determinação do povo inglês a respeito de como os criminosos devem ser tratados. Atualmente, uma prisão como essa não seria instituída por nenhuma nação civilizada. A sua existência deve ser interpretada não como um sinal da crueldade e da perversão da mente da sociedade, mas da sua ignorância a esse respeito, ou da sua adesão fanática aos métodos antigos, ou da sua apatia em relação a avanços sem um apelo categórico ao interesse próprio. Qualquer uma dessas é suficiente, Deus sabe, para que qualquer sociedade tenha de responder por elas; suficiente para conceder, por outro lado, uma honra suprema à filantropia, que aboliu o pelourinho e agora busca eliminar o carrasco, e para converter todas as prisões do mundo civilizado em um hospital para a cura de doenças morais. Mas a reforma já começou; o espírito de John Howard[48] segue sua marcha e, por mais bárbaro que ainda seja o tratamento que dispensamos aos condenados, há uma perspectiva de dias melhores.

Assim, o que o viajante deve observar é, em primeiro lugar, se há algum avanço no tratamento dispensado aos criminosos em países onde o povo tem voz sobre este tema; e, em países sob governos despóticos, se o sentimento público é tocado pela condição dos criminosos de Estado e se os homens tratam uns aos outros de forma vingativa em seus apelos às leis da cidadania – se há uma crueldade

---

48. Importante reformista inglês (1726-1790), cuja obra e atuação lançaram as bases da discussão sobre a reforma penitenciária [N.T.].

birmanesa no exercício dos direitos legais do credor, se há uma relutância em afundar os outros nas aflições das sanções legais ou se os infratores não são considerados como dignos de empatia. Dessa forma é possível entender se as pessoas nutrem a noção perniciosa de que existe uma linha traçada para a conduta humana onde, de um lado, tudo é virtude e, do outro, tudo é vício; ou se elas estão se aproximando da crença mais filosófica e cordial de que toda maldade constitui fraqueza e desgraça e que, portanto, os condenados necessitam de mais cuidado e bondade no arranjo das circunstâncias em que vivem do que aqueles que gozam de maior força contra a tentação e de uma paz de espírito que os criminosos jamais conhecerão. Em algumas partes dos Estados Unidos essa convicção geral é bastante evidente e constitui uma prova incontestável do estado avançado da moral naquele país. Em algumas prisões dos Estados Unidos é dispensado tanto cuidado na forma como os condenados são preservados de contaminarem uns aos outros, sendo expostos a boas influências e bloqueados das más, quanto em qualquer enfermaria no que se refere à ventilação das alas, à dieta e à atenção aos enfermos. Em lugares assim, a vingança nas punições sociais deve estar desaparecendo e as visões cristãs sobre a culpa e a fraqueza humanas começando a prevalecer.

As mesmas conclusões podem ser extraídas da observação dos métodos de punição legal. A leviandade da vida humana é um dos sintomas mais claros da barbárie, quer a vida seja tirada por lei ou assassinato. À medida que os homens se tornam civilizados e aprendem a valorizar, cada vez mais, a existência espiritual acima da existência física, a vida humana se torna sagrada. O turco ordena a decapitação de um escravo de forma quase irrefletida. Os neozelandeses assassinaram muitos homens para fornecerem as suas cabeças secas e sorridentes a compradores ingleses, que mal imaginavam o custo a que foram obtidas. É assim que a vida é desperdiçada nas sociedades selvagens. Até certo grau relativamente elevado de civilização, a lei continua a dispor da vida, muito depois de o seu dispêndio privado ser controlado ou abolido. Duelos, brigas e assassinatos praticamente inexistirão e até mesmo a guerra, em certa medida, já haverá sido menoscabada, antes que a lei reconheça devidamente a sacralidade da vida humana. Mas o momento se aproxima. Cada geração cresce com uma consciência cada vez maior da majestade da vida, do mistério da existência de um ser como o homem, da infinidade de ideias e emoções na mente de cada indivíduo e da vastidão de suas relações sociais. Esses reconhecimentos podem não ser expressos, mas são o suficientemente reais para inibir a destruição deliberada da vida. A relutância em destruir essa criação está aumentando. Os homens preferem sofrer injustiças a serem cúmplices de um ato tão terrível como o que agora se parece a um assassinato judicial: a lei não é aplicada – ela é evitada – e torna-se necessário alterá-la. As penas capitais são restringidas – cada vez mais restringidas – até serem abolidas. Esse é o processo. Ele já está praticamente concluído nos Estados Unidos e avança rapidamente na Inglaterra. Em seu progresso, é lançada mais luz sobre as noções morais de um povo pela mudança no caráter de outras punições (consideradas menores). Os flagelos e as desfigurações corporais desaparecem. A tortura e a mutilação são abolidas e, posteriormente, os castigos mentais mais pesados. O pelourinho (como mera exposição ignominiosa) foi um grande avanço em relação à mutilação a que outrora esteve associado; mas, agora, ele foi abolido como bárbaro. Muito em breve, qualquer exposição ignominiosa será considerada igualmente bárbara – incluindo a pena capital, em que essa humilhação constitui o princípio recomendado. Citando mais uma vez o caso da Pensilvânia, essas noções de exposição ignominiosa estão tão ultrapassadas por lá que evitá-las é o princípio fundamental do governo. Lá, o método adotado é a reclusão sob a tutela da lei – com base no princípio da consideração pelos mais fracos e do cuidado supremo com o sentimento de respeito próprio do infrator – o sentimento do qual ele é, necessariamente, mais carente. Quando analisamos os métodos de punição brutais adotados em épocas passadas, e ainda hoje em alguns países estrangeiros, em comparação com os métodos mais recentes e mais bem-sucedidos, é inevitável perceber como eles são indicativos das noções morais dos povos cuja vontade os legitima, seja um conselho de déspotas ou uma assembleia de nações. Observando esses métodos, é inevitável perceber como, em algumas épocas e países, a barbárie é considerada justiça; e como aquilo que seria, nesses casos, condenado como leniência culposa, passa a ser considerado em outros lugares uma injustiça. O tratamento dispensado aos condenados é uma das evidências mais robustas das noções gerais de moral em uma sociedade quando de fato ela constitui uma evidência; isto é, quando o destino dos condenados está nas mãos da sociedade.

Testemunho de criminosos

Há outro tipo de evidência que os viajantes não têm o hábito de utilizar, mas que merece a sua atenção: o testemunho de criminosos condenados. Não há muitos lugares no mundo onde seja possível obtê-lo sem um sacrifício de conforto maior do que o turista comum está disposto a fazer. Há pouco estímulo para entrar em prisões onde miseráveis esquálidos estão amontoados em meio a sujeira, barulho e devassidão total; onde nenhum deles poderia falar abertamente por medo do escárnio de seus companheiros; onde o pai vê seu filho corrompido diante de seus olhos e a mãe faz brincadeiras cruéis com a criança assustada que esconde o rosto em seu avental. Em cenas como essas não há nada que o estrangeiro possa fazer e aprender. Tudo é uma grande falsidade, onde as pessoas agem falsamente sob circunstâncias falsas. Isso representa uma missão para o filantropo, mas nenhum conhecimento real para o observador. Ele pode ignorar esses lugares, sabendo que eles são praticamente iguais em todos os países onde existem. Os criminosos reunidos em virtude da sua criminalidade, ultrajados a uma audácia diabólica, devem exibir um aspecto constante de repulsa. Que variedade haveria neles? Praticamente a mesma das colônias de leprosos na vastidão do mundo, 2 mil anos atrás.

O viajante não terá permissão para ver os prisioneiros em nenhum governo despótico; mas, onde quer que o tema da reforma prisional tenha sido abordado (e o espírito de Howard está presente em muitos países do mundo), provavelmente haverá oportunidade de conversar com os infratores de uma maneira melhor do que isolando-os da multidão com um espírito de condescendência e fazendo-lhes algumas perguntas, em cujas respostas você não pode confiar. Se você puder conversar cara a cara com um condenado, de igual para igual, certamente você aprenderá alguma coisa. Se ele estiver há muito tempo privado de conversas assim, seu coração ficará pleno; ele estará disposto a confiar em você, seu impulso será de confidenciar a você o seu crime e todos os detalhes relacionados a ele. Dessa forma, conversando com diferentes infratores, você conhecerá as causas do crime, as opiniões da sociedade sobre a gravidade relativa dos delitos, e a condição de esperança ou desespero em que se encontram aqueles que infringiram as leis e estão entregues à desonra.

Muita luz também será lançada sobre a origem das desordens da sociedade. Com exceção dos crimes políticos, cujo número varia proporcionalmente à natureza do governo, quase todos os demais são crimes contra a propriedade. Nove em cada dez condenados, talvez, são punidos por furtarem o dinheiro ou seu equivalente de outra pessoa. Eis um indício dos aspectos em que a sociedade está mais equivocada em seus princípios e mais débil em sua organização.

Entre os crimes contra a pessoa, alguns são causados pelos maus hábitos que acompanham a prática da depredação de bens – os ladrões são bêbados e bêbados são arruaceiros –, mas a maior parte deriva de misérias domésticas. Em lugares onde há menos violência por agressões conjugais e problemas domésticos, o estado da moral é mais puro. Onde elas abundam, está claro que o curso do amor não é tranquilo e que, devido à influência de alguns maus princípios, a moral doméstica se encontra em baixo estado. Na Áustria e na Prússia abundam os criminosos políticos; na América raramente se ouve falar de tal coisa. Na América, um país jovem e próspero, os delitos contra a propriedade derivam, em sua maior parte, de maus hábitos pessoais que, por sua vez, também são causados por algum tipo de miséria doméstica; essa miséria doméstica, no entanto, é menos comum do que em um Estado antigo da sociedade. Na Inglaterra, quase todos os delitos são contra a propriedade e eles são tão numerosos que levam um estrangeiro à conclusão de que a distribuição da propriedade entre nós deve ser extremamente falha, a opressão de certas classes por outras muito severa e a nossa moral política muito baixa; em suma, que o espírito aristocrático impera na Inglaterra. Das histórias dos condenados – como eles foram criados, qual foi a natureza das armadilhas em que caíram, qual é a chance de eles ainda se recuperarem e qual foi o caráter das influências que os afundaram na miséria – há muito o que aprender sobre a atmosfera moral em que eles cresceram. O seu estado de espírito atual – se eles retornam com estima para casa ou para sociedade da qual foram arrancados, se eles pensam no futuro com esperança ou com medo, ou se eles sequer são capazes de pensar no futuro – revelará se a justiça e a benevolência da comunidade asseguram as bênçãos mais comuns da vida moral a seus membros mais inferiores, ou se eles são totalmente esmagados pelo egoísmo da sociedade em que nasceram. Pode ser que, com o tempo, a mera existência de criminosos se torne uma vergonha para uma comunidade; entrementes, o seu número e suas características são uma evidência das suas noções morais prevalecentes e o observador inteligente não deve ignorá-las.

Canções populares

"As CANÇÕES de toda nação são sempre a parte mais familiar e verdadeiramente popular de sua poesia. Elas são, invariavelmente, os primeiros frutos da imaginação e do sentimento das sociedades rústicas; e, mesmo nos tempos mais civilizados, elas são *a única* poesia da grande massa do povo. Assim, a sua influência sobre o caráter de um país é universalmente sentida e reconhecida. Entre as tribos rudimentares, é evidente que suas canções devem, a princípio, derivar seu tom do caráter predominante do povo. Mas, mesmo entre elas, deve-se observar que, embora geralmente sejam expressão das paixões mais ferozes, as canções ainda as representam com algum traço de generosidade e de bons sentimentos, podendo ser consideradas como as primeiras lições e celebrações da virtude selvagem. Um guerreiro indígena, à beira da tortura, exulta, em uma canção selvagem, os inimigos abatidos por seu machado e se regozija com a vingança antecipada de sua tribo. Porém e sobretudo, é dando expressão aos sentimentos mais elevados de coragem e de fortaleza invencíveis que ele procura manter-se para suportar seus tormentos. 'Sou corajoso e valente!', ele exclama – 'Não temo a morte ou qualquer tipo de tortura! Quem as teme é um covarde – é inferior a uma mulher. A morte não é nada para quem tem coragem!' Desse modo, como as melhores partes de seu verdadeiro caráter são expressas até mesmo nas canções bárbaras dos selvagens, essas canções contribuem de forma essencial para o progresso do refinamento, estimulando e nutrindo cada germe de bom sentimento que se desenvolve, sucessivamente, no avanço da sociedade. Quando o egoísmo começa a dar lugar à generosidade – quando a mera coragem animal é, em alguma medida, enobrecida por sentimentos de autodevoção patriótica e, acima de tudo, quando o apetite sensual começa a ser purificado em amor – é então que as canções populares, ao adquirirem elas mesmas um caráter mais elevado, passam a ter uma influência ainda mais poderosa sobre o caráter do povo. Essas canções, compostas pelos membros mais talentosos da tribo – por aqueles que sentem com mais intensidade e que expressam seus sentimentos com mais alegria –, comunicam ideias de maior elevação e refinamento do que aquelas ainda familiares, mas não tão distantes dos hábitos comuns de pensamento a ponto de serem ininteligíveis. O herói que se entrega à morte para defender o seu país, com uma firmeza quase sem precedentes na história da raça humana, e o amante que segue sua amada atravessando todos os perigos, e que talvez morra por ela, tornam-se objetivos sobre os quais todos gostam de pensar e modelos que os espíritos mais corajosos e mais nobres são, então, incitados a imitar. Assim, as canções das nações rudimentares – e aquelas com as quais elas sentem mais prazer – estão repletas dos exemplos mais românticos de coragem, fidelidade e generosidade; e não é possível supor que imagens tão encantadoras e elevadas da natureza humana possam estar constantemente diante dos olhos de um povo sem produzir um grande efeito em seu caráter. As mesmas considerações são aplicáveis aos efeitos das baladas populares nas mais diversas classes da sociedade, mesmo nas nações civilizadas"[49].

Ao que parece, as canções populares são, ao mesmo tempo, causa e efeito da moral geral: elas surgem primeiro e, então, repercutem. Em ambos os casos, elas servem como um indicador da moral popular. As baladas de um povo revelam não apenas imagens vívidas dos objetivos comuns que eles têm diante de seus olhos – expressos com mais familiaridade do que seria adequado a qualquer outro estilo de composição – mas também os sentimentos predominantes acerca dos temas de maior interesse popular. Do contrário, elas não seriam canções populares. O viajante não se equivocará ao concluir que ele vê um reflexo fiel da mente de um povo em suas baladas. Com as canções populares de séculos anteriores, ele dispõe dos meios para transportar-se de volta às cenas do mundo antigo, tornando-se um espectador de seus acontecimentos mais dinâmicos. As guerras são travadas sob seus olhos e os lances da batalha ganham uma grandeza que não se imagina mais. O amor, a paixão atemporal e substância de todas as canções, se expressa de diferentes formas em cada povo e a cada época, revelando-se tão distinto e, ainda assim, tão igual. A dama das baladas é sempre digna do amor e da canção, mas há diferenças relevantes no tratamento que ela recebe. Às vezes, ela é oprimida por um pai ou mãe severos; às vezes, acusada injustamente por um servo perverso ou um falso cavaleiro; às vezes, sua natureza suave se transforma em fúria e vingança; às vezes, ela é representada como impura, mas sempre, neste caso, cumprindo suas

---

49. *Edinburgh Review*, vol. XXXIX, p. 67.

penitências. De um modo geral, trata-se de um testemunho claro a favor da bravura nos homens e da pureza nas mulheres, e da constância em ambos – em todo o universo da poesia popular, desde as antigas efusões árabes, passando por séculos de canções europeias, até os cânticos indígenas que ainda podem ser ouvidos nas margens dos Grandes Lagos do Ocidente. Os atributos distintivos dos grandes homens carregam uma forte semelhança desde os dias em que toda a Grécia ressoava com a celebração musical de Harmódio e Aristógito, passando pela era de Carlos Magno, até as conquistas de Bolívar; e as mulheres também são adoradas pelas mesmas qualidades, embora colocadas de forma variada, desde a virgem com olhos de gazela de 3 mil anos atrás, as damas que testemunharam os conflitos da Terra Santa, passando pela mulher indígena[50] que roga ao marido para não esquecê-la no mundo dos espíritos, até a nossa *Highland Mary*, de Burns[51].

O viajante precisa estar atento para não confundir um aspecto da mente popular com o todo, ou um estado temporário da mente popular com um estado permanente – embora, devido à influência poderosa da canção nacional, esse estado temporário pode se tornar um estado permanente por sua própria ação. No primeiro caso, por exemplo, o observador se equivocaria ao julgar mais do que uma classe do povo inglês com base em algumas de suas melhores canções – as canções marítimas de Dibdin. Elas são uma representação bastante correta da classe específica a que se referem, embora elas tenham contribuído muito para promover e ampliar o espírito de

---

50. No original, *"squaw"*, termo obsoleto e ofensivo que significa "mulher, esposa" e, em sentido restrito, usado para referir-se às mulheres indígenas da América do Norte [N.T.].

51. Robert Burns (1759-1796), poeta e compositor escocês, considerado um dos pioneiros do Romantismo [N.T.].

generosidade, simplicidade, diligência, alegria e amor constante que elas exalam. Sem dúvida, elas elevam o caráter da marinha britânica e são, em grande medida, indicativas do espírito naval entre nós; mas elas revelam apenas um aspecto da mente nacional. Ou ainda, na Espanha, as canções que ressoam nas montanhas e cuja origem é demasiado remota para ser rastreada, não representam a mente convencional das classes aristocráticas. Como exemplo das falsas conclusões que podem ser derivadas das canções populares de um breve período, podemos analisar a poesia revolucionária da França. Seria injusto julgar o povo francês por *Ça ira!* ou *La Carmagnole*[52], por mais que essas canções sejam uma expressão verdadeira do espírito de sua época. A nação vivia sob "*une monarchie absolue tempérée par des chansons*"; o absolutismo havia se tornado demasiado enervante e, então, as canções assumiram o tom de fúria que a opressão prolongada havia gerado. Não demorou muito para que o tom mudasse novamente. Napoleão foi atormentado em seu trono imperial por indícios de um acordo secreto, contrário aos seus interesses; esses indícios eram canções redigidas de forma ambígua ou propagadas como símbolos; e a traição, que ele não conseguia perceber, era todo o tempo falada e praticada ao alcance dos ouvidos e bem diante de seus olhos. Quando a família real regressou, as canções de De Béranger se difundiram da mesma maneira, de boca em boca, e o trono restituído tremeu ao seu eco. Na França, há muitos anos, a moral encontra a sua principal expressão na política; e, pelas canções de Paris, o viajante pode descobrir os sentimentos políticos da época. Em governos representativos, onde a política é a principal expressão da moral, as canções de um povo são um estudo instru-

---

52. Canções populares e emblemáticas da Revolução Francesa, datadas de 1790 e 1792, respectivamente [N.T.].

tivo para o observador e têm quase a mesma relevância em países onde, sendo a política proibida, as relações domésticas e fraternas são os temas que dão expressão às ideias e sentimentos mais gerais. Nas nações mais rudimentares e nas mais avançadas abundam as canções. Elas são ouvidas à sombra da bananeira por toda a África, assim como nas ruas de Paris. Os barqueiros do Nilo e as crianças do Cairo a caminho da escola alegram o tempo com cantigas, assim como os alemães em seus vinhedos e nas horas de lazer na universidade. O negro canta sobre aquilo que ele vê e sente – a tempestade que cai sobre a floresta, o sorriso de sua esposa e o frescor da bebida que ela lhe oferece. O francês canta as aflições do prisioneiro de Estado e as precauções astutas do cidadão. As canções dos egípcios são românticas e as dos alemães tão variadas como as realizações da nação, mas o seu tom moral é sincero e puro. Quanto mais profundo o exame desse modo de expressão, mais útil ele será aos propósitos de observação do viajante.

Literatura e filosofia

O tema da literatura das nações, como um meio de se familiarizar com suas ideias morais, é vasto demais para ser detalhado aqui. Além disso, as considerações a esse respeito são tão óbvias que o viajante que não as perceba pode estar pouco qualificado para o trabalho de observação.

Claramente, não podemos conhecer a mente de uma nação, assim como não podemos conhecer a mente de um indivíduo, apenas olhando para ela, sem ouvir qualquer discurso. A literatura nacional é o discurso nacional. Ela dá expressão às suas ideias e sentimentos predominantes. E isso é um fato, pois os livros que não têm a simpatia das massas perecem imediatamente e os livros que conquistam a simpatia de todos não perecem nunca. Entre esses dois extremos, entre os livros que conquistam a simpatia de uma classe e aqueles que agradam a todos, há uma gradação extensa, com base na qual o observador cuidadoso pode quase elaborar para si mesmo uma escala da moral e dos costumes populares. Isto, é claro, em países onde há uma literatura clássica abundante ou uma literatura moderna emergente. Um povo que não tem literatura – os americanos, por exemplo – deve ser julgado, com toda a cautela possível, por quaisquer outros meios de expressão que eles possam ter – as instituições políticas que a geração atual fundou ou admitiu, suas preferências na escolha de literatura de outros países e assim por diante. Contudo, há um risco muito maior de eles serem malcompreendidos do que jamais haverá para uma nação que fala por si mesma através dos livros. "Um país que não tem uma literatura nacional", escreve um estudioso da humanidade, "ou cuja literatura é insignificante demais para alcançar o público estrangeiro, sempre será considerado por seus vizinhos, pelo menos em todos os aspectos espirituais importantes, um país desconhecido e subestimado. Suas cidades podem figurar em nossos mapas; sua renda, sua população, suas indústrias e conexões políticas podem estar registradas nos livros estatísticos – mas o caráter do povo não possui símbolo nem voz; não é possível conhecê-lo por sua fala e seu discurso apenas pelo olhar e pela observação externa de seus hábitos e práticas"[53].

Todavia, o próprio fato de uma nação não ter uma literatura pode gerar inferências quanto ao seu estado mental e moral. Há um conjunto muito limitado de razões para um povo não ter discurso. Eles são bárbaros ou são politicamente oprimidos; ou a nação é jovem e está ocupada em prover e assegurar os meios de existência

---

53. *Edinburgh Review*, vol. XLVI, p. 309.

nacional; ou ela fala a mesma língua de outro povo e, portanto, desfruta ao máximo de sua literatura, como se não fosse estrangeira.

Essas parecem ser quase todas as razões para o silêncio nacional; e todas elas fornecem algum meio de compreensão da moral e dos costumes dos povos mudos.

Quanto aos que têm expressão, eles falam sobre o presente ou revelam seus princípios e temperamento pela escolha que fazem entre seus próprios clássicos. O que estiver mais de acordo com suas simpatias, eles acolhem; assim, essa seleção é uma indicação segura de quais são as simpatias populares. O mesmo pode ser dito da popularidade relativa dos livros modernos, embora eles possam revelar apenas um estado de sentimento temporário e o viajante deve distinguir esse tipo de evidência do tipo mais importante, que atesta as afeições e convicções permanentes de um povo. A alegria dos franceses com Voltaire, dos alemães com Werter[54] e dos ingleses com Byron foi, em cada caso, uma revelação muito importante do sentimento popular; mas essa não é uma circunstância com a qual se possa julgar o caráter nacional permanente de qualquer um dos três. Ela era um sinal dos tempos e não símbolos das nações. Voltaire derrubou algumas edificações que não se sustentavam mais e foi adorado por contestar inverdades – a mente popular estava, naquele momento, madura para a implosão de erros. Essa foi a vocação de Voltaire. Os franceses estão agora ocupados, com toda sua energia, em fazer o que precisa ser feito após a exposição dos erros – eles estão em busca da verdade. Destruídas as falsas aparências, eles agora estão elaborando e testando princípios; e obras que propõem edificações novas e mais sólidas são preferidas àquelas que apenas

---

54. Referência provável à obra *Os sofrimentos do jovem Werther*, de Goethe, publicada em 1774 [N.T.].

expõem e ridicularizam os pecados e erros do passado. – Werter era popular porque expressava a inquietação e o descontentamento universais de que padeciam não só a Alemanha, mas toda a Europa. Multidões viram seus sentimentos incômodos sendo expressos por elas; e Werter representava, com efeito, o lamento de um continente. Superstições, tiranias e ignorâncias do passado estavam se tornando intoleráveis e não se via nenhuma saída a elas; e a voz do clamor foi saudada com simpatia universal. O mesmo pode ser dito da poesia de Byron, adotada e repetida como foi e continuará a ser por algum tempo, por aqueles que sofrem sob uma constituição aristocrática da sociedade, sejam eles oprimidos por forças externas ou pelo cansaço, fastio e repulsa vindos de dentro. O estado permanente da mente inglesa não está representado em Byron e não poderia ser descoberto a partir de seus escritos, exceto por inferência com base nos infortúnios de uma ordem particular de mentes: mas sua popularidade era um sinal admirável dos tempos para os observadores capazes de interpretá-lo. Provavelmente, desde que a caneta e a prensa foram inventadas, a literatura constitui a expressão da mente popular; mas ela parece ter se tornado particularmente poderosa como uma expressão geral do momento. A despeito da verdade que possa haver nas especulações sobre a crescente raridade de "obras imortais" – sobre ter se findado a era para a produção de livros que serão clássicos – ao que parece, a literatura está assumindo cada vez mais o caráter de cartas destinadas a quem possa se interessar e tornando-se cada vez mais uma expressão familiar da mente geral da época. Nas obras populares modernas da Alemanha há um sentimento religioso profundo e afável, ao mesmo tempo em que a reflexão rigorosa sobre a filosofia e o fato da revelação é amplamente encorajada. Na Inglaterra há um gosto crescente por obras que retratem a vida das classes mais baixas da sociedade, embora todas as pretensões aristocráticas pareçam, na prática, fortes como nunca. Isso parece indicar que a nossa filosofia segue uma tendência democrática na qual será formada uma opinião geral que, com o tempo, se expressará na prática. Por sua vez, os franceses estão devorando, ao ritmo de dois novos volumes a cada três dias, romances que são, na verdade, cartas endereçadas a quem se interesse na condição e nas perspectivas de homens e mulheres na sociedade. Os retratos não são apenas meras descrições. Eles carregam consigo princípios que questionam a posição dos membros da comunidade. A posição social da mulher é um tema de destaque. Os princípios elementares da organização social estão na base das histórias mais simples e a recepção universal desse produto literário demonstra que a sua leitura é do interesse de todos. Que enorme perda de conhecimento sofre o viajante que se abstém de observar e refletir sobre o espírito da literatura recente de um povo, ou de suas preferências na literatura do passado!

Ele deve observar se um povo tem produções dramatúrgicas recentes – se não, observar se a época é desfavorável a esse tipo de literatura e por quê; e, se há dramaturgia, quais imagens da vida ela apresenta.

Ele deve obter ao menos uma ideia geral de qual é a filosofia mental da sociedade – não tanto porque a filosofia mental influencia a mente nacional, mas porque emana dela. Trata-se de um material grosseiro, de uma filosofia analítica refinada ou de uma filosofia mística massiva? O primeiro geralmente se encontra no estágio cético da mente de uma nação; a última, em sua infância profícua; ao passo que a outra é muito rara, exceto como produto de uma mente individual elevada. Poucos viajantes terão oportunidade de dedicar muita atenção a essa parte da sua tarefa de observação, dado que, entre todas as nações da terra, não há uma em cada dez que sequer possua uma filosofia mental. Todas têm ficção (além da dramaturgia); e esse deve ser um dos pontos altos para o observador. Não há necessidade de estender este argumento. Não é necessário provar que as ficções populares de um povo, que o representam em suas atividades cotidianas e seus sentimentos comuns, são um espelho dos seus sentimentos e convicções morais, dos seus hábitos e costumes sociais. Fazer essa afirmação é quase como propor uma redundância. O viajante deve prover sua carruagem com as ficções mais populares, sejam elas atuais, de um passado recente ou remoto. Ele deve dedicar seu tempo livre a eles. Ele deve distinguir neles o que é compatível com seus próprios hábitos mentais e aqueles aspectos que lhe despertam menos simpatia, e investigar a origem desses últimos. Isso lhe servirá como uma espécie de guia sobre o que é permanente e universal nos sentimentos e nas convicções das pessoas, e o que deve ser considerado uma característica distintiva de uma determinada sociedade ou época.

Com o uso diligente desses meios, o observador aprenderá muito sobre as noções morais gerais dos povos que ele estuda – o que eles aprovam e desaprovam, do que fogem e o que buscam, o que amam e odeiam, o que desejam e temem; em síntese, o que lhes traz mais angústia ou paz interior.

Capítulo III
Estado doméstico

Como viveram, como amaram,
como morreram?

Byron

Solo e características do país

Os geólogos afirmam que podem justificar os modos de vida das pessoas de qualquer região extensa analisando o mapa geológico da área. Coloque um mapa geológico da Inglaterra diante de alguém que o entenda e ele lhe dirá que os habitantes das partes ocidentais – da Cornualha, passando pelo País de Gales e subindo por Cumberland até a Escócia – são povos mineiros e montanheses; aqui vivendo em grupos ao redor do poço de uma mina, e ali espalhados pelas colinas e isolados nos vales. Ele lhe dirá que, na porção central do território, de Devonshire, passando por Leicestershire até a costa de Yorkshire, os pastos extensos estão cobertos de rebanhos, enquanto as pessoas se amontoam em grandes cidades industriais; um mapa comum mostra, por sua vez, que Kidderminster, Birmingham, Coventry, Leicester, Nottingham, Sheffield, Huddersfield e Leeds, e muitas outras, estão localizadas nessa região. Ele lhe dirá que a terceira área, que compreende a parte oriental da ilha, está repleta de fazendas e que a lavoura é a grande ocupação e interesse dos habitantes.

O moralista poderia acrescentar às observações do geólogo um relato das características gerais das sociedades dedicadas a essas ocupações. Ele sabe que os mineiros, os artesãos e os agricultores possuem um caráter intelectual e moral distinto; ele sabe que os mineiros são propensos à superstição e à especulação nos negócios, devido à natureza incerta de suas atividades e ao caráter fortuito de seus empreendimentos; ele sabe que uma população de artesãos é ativa, comunicativa, apta e inclinada à cooperação; que, entre eles, encontra-se a maior proporção de dissidência religiosa e de sagacidade política, de conhecimento e de seus resultados na prática. Ele sabe que um povo agrícola é uma sociedade menos consolidada do que as demais; que eles são lentos mentalmente em comparação aos operários, assim como são fisicamente superiores a eles; que fazem muito menos uso do discurso; são mais apegados ao que é habitual e tradicional e têm menos iniciativa e desejo de mudança. Eles são, de fato, os representantes do passado – dos tempos feudais; ao passo que uma população de artesãos é uma profecia do futuro e o início de sua concretização. As ideias de direitos iguais, de representação da pessoa e da propriedade e todas as demais noções democráticas têm origem nas cidades, principalmente nas cidades fabris. A lealdade à pessoa e não à função dos governantes, o orgulho pela terra e o amor por ela como a maior das bênçãos e o despeito por qualquer outro interesse são encontrados onde quer que haja milho brotando nos campos e casas de fazenda para compor representações em miniatura das antigas propriedades feudais.

Essas são as tendências gerais, variadas de acordo com as circunstâncias. Existem influências que tornam alguns artesãos na Inglaterra conservadores, e alguns proprietários de terras e arrendatários liberais; e pode haver momentos e lugares em que sociedades inteiras possam ter as suas características modificadas; mas quase nunca há um desvio total da regra geral. Os proprietários de terras e seus arrendatários, supostamente liberais, rapidamente encontram um ponto além do qual eles não são capazes de ir, e a partir do qual eles tendem a retornar à política de sua ordem; e, muitas vezes, basta um único passo para os artesãos conservadores tenderem ao ultrarradicalismo; trata-se de um Torismo[55] espúrio. Assim, é possível que tenha havido, aqui e ali, um democrata em La Vendée, em 1793, e um punhado de monarquistas em Lyon, em 1817. No entanto, La Vendée e Lyon podem ser consideradas representantes dos dois tipos de sociedade. A população tecelã de Lyon é, assim como nas cidades fabris de um modo geral, propensa à irritabilidade pela inquietação física, cultivando suas ideias e sentimentos através da comunicação, sofrendo as consequências do conhecimento parcial, vislumbrando um estado social melhor e atribuindo a culpa de suas adversidades à carência de proteção do governo; de espírito empreendedor e bastante hábil no aprimoramento de seus artigos de fabricação, e sempre cheia de aspirações. Os habitantes de La Vendée são tão diametralmente opostos em suas circunstâncias e características sociais, que a sua tendência política é uma decorrência natural. Eis uma descrição da fisionomia da região, na época em que Lyon era tão intensamente republicana quanto La Vendée era monarquista:

"Apenas duas grandes estradas atravessavam essa região isolada, quase em paralelo, a uma distância de mais de setenta milhas uma da outra. Embora densamente povoado, o país tinha, como se pode supor, poucas cidades grandes; e os habitantes, dedicados quase inteiramente às ocupações rurais, desfrutavam de muito tempo livre.

---

55. No original, *Toryism* – pensamento e grupo político conservador de grande expressão no Reino Unido, entre os séculos XVII e XIX [N.T.].

De um modo geral, a nobreza ou a alta sociedade do país residia em suas propriedades, onde eles viviam num estilo de simplicidade e singeleza que, há muito, havia desaparecido de todas as outras partes do reino. Sem grandes parques, belos jardins ou vilas ornamentadas, mas *châteaux* espaçosos e desajeitados, rodeados de postos agrícolas e cabanas para os trabalhadores. Seus costumes e modo de vida também compartilhavam da mesma rusticidade primitiva. Havia grande cordialidade, e mesmo muita familiaridade, na relação dos senhores com seus dependentes – eles eram seguidos por grandes grupos deles em suas expedições de caça, que ocupavam a maior parte de seu tempo. Todos os homens tinham sua arma de caça e eram, ou pretendiam ser, um atirador de fama. Os camponeses recorriam com intimidade a seus senhorios em busca de conselhos, tanto legais como médicos, e eles retribuíam as visitas em suas caminhadas diárias, interessando-se por todos os detalhes das suas atividades agrícolas. Tudo isso resultava em uma certa inocência e bondade de caráter, combinadas com grande coragem e alegria. Embora não muito instruída, a população era extremamente devota; embora a devoção deles fosse, deve-se reconhecer, uma espécie de devoção supersticiosa e tradicional, em vez de uma fé esclarecida ou racional. Eles tinham a maior veneração pelos crucifixos e pelas imagens dos seus santos, e não conheciam dever mais imperioso do que assistir a todas as solenidades religiosas. Eles nutriam uma relação particular também com os seus párocos, quase todos nascidos e criados no campo, que falavam seu patoá e partilhavam de todos os seus passatempos e ocupações. Quando havia uma caçada, o pároco a anunciava do púlpito após as orações, depois pegava sua espingarda e acompanhava sua congregação até a mata"[56].

---

56. *Edinburgh Review*, vol. XXVI, p. 7 e 8.

As principais características contrastantes entre esses dois tipos de sociedade podem ser reconhecidas em todo o mundo civilizado. Os chineses mais leais dentre os leais serão encontrados irrigando os terraços nas montanhas ou dedicando-se à aragem das planícies; e os menos satisfeitos serão encontrados na tecelagem. A Espanha é destituída da capacidade de liberdade social na mesma medida em que desencoraja a indústria. As regiões vinícolas da Alemanha são as que mais aquiescem às regras sob as quais vivem, e as cidades comerciais são as que menos concordam com elas. A Rússia terá um governo despótico enquanto não desenvolver sua indústria; e a Inglaterra e os Estados Unidos estão a salvo de qualquer perigo de um retrocesso em direção ao feudalismo, dado o pleno estabelecimento de sua indústria.

Essas considerações nos interessam aqui porque a moral pública e a moral privada, assim como os costumes, dependem do grau de feudalismo que ainda persiste na comunidade. Já falamos anteriormente da moral dos estados feudais e democráticos da sociedade; o que estamos destacando agora é que esses estados, com sua moral e costumes associados, podem ser identificados pela fisionomia do país e pelas ocupações de seus habitantes derivadas dela.

Um mapa geológico pode ser, assim, um guia útil para as pesquisas do moralista – uma ideia que teria parecido completamente ridícula há meio século, mas que agora soa bastante razoável. Caso o viajante não seja um geólogo, de modo que ele não seja capaz de determinar a natureza do solo a partir de sua própria observação, e então inferir, para sua orientação geral, as ocupações e o estado mental e moral das pessoas, ele deve observar a paisagem ao longo da estrada. Ele fará melhor ainda se subir em qualquer lugar alto que esteja ao seu alcance – como igrejas, pilares, pirâmides, pagodes, castelos baroniais nas rochas ou picos de montanhas; daí, ele deve observar toda a região, ponto a ponto, e identificar o que vê estendido sob seus pés. Há pastagens que se estendem até o horizonte, com pastores e rebanhos espalhados sobre elas e, no meio, uma nuvem de fumaça pairando sobre uma cidade, de onde partem estradas em várias direções? Ou trata-se de uma paisagem de montanhas sombrias, com riachos saltando de suas fendas e nenhum sinal de habitação humana, exceto o maquinário de uma mina, com fileiras de casas ao lado de montes de lixo empilhado? Ou toda a área é cortada por cercas, uma parte escura é devido aos pousios e outra é amarela do milho, enquanto as estradas se estendem até o casario e as residências e terrenos dos proprietários ricos são vistos em intervalos, cada um deles com uma aldeia escorada em suas margens? Esse é o tipo de paisagem, quer a casa-grande seja chamada de mansão, ou *château*, ou quinta, ou castelo; quer o produto seja milho, ou uvas, ou chá, ou algodão? Uma pessoa dotada de uma ciência precoce no século XII poderia ter profetizado o que está acontecendo agora, a partir da imagem estendida sob seus pés, ao observar a paisagem de uma elevação nas margens do Rio Dom ou do Calder[57]. Ela poderia enxergar, com seus olhos, apenas

> Prados enfeitados com margaridas coloridas,
> Córregos rasos e rios largos,

com aglomerados de casas ao longe, e Robin Hood com seus homens alegres espreitando nos matagais da floresta ou aquecendo-se sob os carvalhos; mas, com o olhar profético da ciência, ele poderia discernir as multidões que morariam, com o passar do tempo, em Sheffield ou Huddersfield; o estímulo que seria dado aos negócios, a aglomeração

---

57. Respectivamente, na Rússia e norte da Inglaterra [N.T.].

de comerciantes nessa região, os sofrimentos físicos, a pressão moral, que devem ocorrer – o despertar da inteligência e o crescer da ambição. Na cena real, uma sombra de nuvem pode estar passando sobre uma campina; na ideal, uma nuvem de fumaça repousaria sobre 100 mil seres humanos. Na cena real, uma cotovia gorjeadora poderia estar saltando na grama; na ideal, um cantador[58] de alguma ordem superior poderia aparecer protestando contra o feudalismo em meio ao estrondo da fornalha e o barulho da bigorna; e, então, ao final de sua queixa contra a opressão social, avançando em direção ao fim de tudo e cantando o réquiem do próprio mundo.

> Aqueles, cujo ofício é a usurpação. O honesto Jem não trabalha, não pede esmolas; mas prospera saqueando mendigos aqui. Sábio como um senhor e um bom atirador, ele, assim como seus superiores, vive com ódio e com medo, e se alimenta de perdizes porque o pão é caro. Senhor de seis filhos aprendizes na prisão, ele ronda em armas, o tóri da noite. Com eles, ele compartilha suas batalhas e sua cerveja; com ele, eles sentem a majestade do poder. Ele não lê, não escreve, não pensa; quase não sente: Rouba tudo o que consegue; serve ao diabo com tudo o que rouba.

> Sim, e os mundos sem navios que navegam as profundezas indescritíveis que não têm borda, perderão seu esplendor estrelado cedo ou tarde, como velas apagadas por Aquele cuja vontade é o destino! Sim, e o anjo da Eternidade, que enumera os mundos e escreve seus nomes na luz, um dia, ó Terra, lhe buscará em vão, e começará e parará em seu voo infalível. E, com suas asas de tristeza e temor, cobrirá sua face exaltada e suas lágrimas divinas!

---

58. *Corn Law Rhymer, Elliott of Sheffield* [Referência a Ebenezer Elliott (1781-1849), poeta inglês conhecido por sua obra crítica às *Corn Laws*, ou Lei dos Cereais (1815-1846), que estabeleciam proteções tarifárias à importação de cereais no Reino Unido, gerando escassez e grande pressão social interna – N.T.].

Mais ou menos da mesma forma em que se poderia imaginar que um suposto observador filosófico previsse que os acordes democráticos de protesto sucederiam aqui às canções dos silvicultores e dos piratas, um observador bem qualificado dos dias de hoje pode discernir o mecanismo interno e as questões remotas daquilo que está diante de seus olhos. Ao examinar as vastas pradarias às margens dos rios profundos do mundo ocidental, ele pode antever com segurança o tempo em que as comunidades autônomas irão aglomerar-se onde agora a cabana e o cercado de um colono são a única brecha na ampla superfície de vegetação. Enquanto contempla as colheitas na Volínia[59] ou observa as procissões de carroças carregadas de milho, que lentamente vão descendo até Odessa, ele pode concluir com segurança que nenhuma população de artesãos vivazes dará vida a essa região ainda por muito tempo; que os habitantes continuarão apegados ao despotismo sob o qual vivem; e que a moral de um despotismo – a moral que coexiste com a ignorância grosseira e a subserviência social – ainda persistirá por pelo menos uma era.

Assim, alguma preparação pode ser feita com uma observação rápida da paisagem do país. Muito depende de se se trata de terras planas ou montanhosas, de pastagens ou terras aráveis. Aparentemente, muito depende também de circunstâncias menores – até mesmo de se a região é úmida ou seca. Para o viajante na Holanda, é divertido observar como novas visões de moral surgem de seus pântanos, assim como surgem no Oriente da secura dos desertos. Danificar as estacas sobre as quais a cidade foi construída é, em Amsterdã, um crime capital; e nenhum habitante poderia superar

---

59. Região da Europa Oriental situada entre a Ucrânia, Polônia e Belarus [N.T.].

a vergonha de alterar a vegetação que preserva o solo dos diques.

Enquanto as crianças irlandesas são recompensadas por trabalhar na colheita de juncos para fazer velas e palha para a cobertura dos telhados, "a criança mais nova na Holanda consideraria como uma ofensa qualquer suspeita de que ela tivesse arrancado um junco ou um arbusto que havia sido plantado para fortalecer os diques"[60]. Essas são algumas questões morais em um país onde a água é o grande inimigo. No Oriente, onde a seca é o principal inimigo, é um crime contaminar ou tapar um poço, e a maior das glórias sociais é ter feito a água fluir onde antes tudo estava seco. Na Holanda, um inimigo maligno danifica o dique, como último ato de maldade; na Arábia, ele entope os poços. Na Holanda, parece ter surgido um tipo distinto de sentimento moral em relação ao exagero na bebida. A umidade do clima e a escassez de água limpa e potável obrigam os habitantes a beberem muito outros líquidos. Se a moderação aqui não fosse considerada uma questão de consciência de primeira importância, as consequências do seu consumo predominante seriam terríveis. O sucesso desse esforço moral específico é grande. A embriaguez é quase tão rara na Holanda quanto a negligência na manutenção dos registros e a interferência nos diques. Não há país no mundo cuja moral derive mais claramente das suas circunstâncias do que a Holanda. Na teoria de um senso moral infalível, seria tão difícil explicar a sensibilidade da consciência de um holandês em relação a qualquer uma das três questões acima quanto explicar a agonia de um soldado ao ser acusado de dormir em guarda, ou o rancor de um fazendeiro do Alabama ao ser acusado de usar a escrita para constranger um mulato.

---

60. *Travels of Minna and Godfrey in Many Lands*, p. 53.

Mercados

Tendo observado o aspecto do país, a próxima tarefa do observador é averiguar a condição dos habitantes quanto ao abastecimento dos bens necessários à vida. Ele sabe que não há nada a aprender sobre a moral doméstica de pessoas mergulhadas numa pobreza desesperante. Não há fundamento para a boa moral entre elas. Elas se juntam, desesperadas ou deprimidas; elas não têm nenhuma perspectiva; seu respeito próprio está abatido; elas não têm nada a perder e não têm nada a ganhar por qualquer esforço que façam. – No entanto, é desnecessário discorrer sobre isso. Quando falamos da moral doméstica de qualquer classe, pressupõe-se sempre que elas não se encontram em circunstâncias que tornam quase inevitável a imoralidade total.

Nos distritos agrícolas, a condição dos habitantes pode ser conhecida pela observação dos mercados. Um viajante observador disse: "Para conhecer imediatamente uma nação basta olharmos para os mercados e para os campos. Se os mercados estiverem bem abastecidos e os campos bem cultivados, está tudo bem. Caso contrário, podemos dizer, e com razão, que se trata de um povo bárbaro e oprimido"[61]. Embora seja um julgamento bastante generalizado, ele se fundamenta em uma verdade e é importante tê-lo em mente ao viajar. No entanto, os negros do Haiti têm farto acesso ao necessário e a muitos dos confortos da vida; eles não são de forma alguma bárbaros e estão longe de serem oprimidos; e, ainda assim, eles têm poucas estradas e pouquíssimos mercados. Eles crescem em meio à fartura; mas, quando um camponês se prepara para matar um porco, ele manda seu filho percorrer a cavalo a vizinhança para avisar, a quem quiser carne de porco, para mandá-la buscar em um deter-

---

61. *Rogers's Italy*, p. 172.

minado dia. Por sua vez, os seus pares miseráveis, bárbaros e oprimidos da Carolina do Sul têm excelentes mercados. O mercado de sábado à noite em Charleston pode induzir um estrangeiro incauto a acreditar que aqueles que o frequentam são um povo livre e próspero. Assim, a regra citada acima nem sempre se aplica. Contudo, é verdade que a existência e a boa qualidade dos mercados atestam a existência e a boa qualidade de outras coisas desejáveis.

Onde os mercados são abastecidos de forma abundante e variada está claro que deve haver uma grande procura pelos confortos da vida e uma diversidade de necessidades domésticas. Claramente, deve haver indústrias para atender a essa demanda e competência para justificá-la. Deve haver segurança social, ou a indústria e a competência não seriam empregadas de forma tão arriscada. *Pode* acontecer, como em Charleston, que o capital seja dos senhores (de quem também podem ser os lucros, provavelmente); que a indústria seja impulsionada por uma esperança ilusória; e que a intensidade das transações no mercado possa ser atribuída ao prazer que os escravos têm nas reuniões sociais; mas coisas melhores geralmente podem ser inferidas de um mercado bem abastecido e bem gerenciado.

Classe agrícola

As outras pesquisas do viajante em regiões agrícolas abordarão a propriedade das terras – se elas são mantidas em pequenas propriedades separadas; se essas propriedades são individuais ou compartilhadas com qualquer tipo de sócios e, nesses casos, se há algum intermediário envolvido no negócio; se a terra é mantida principalmente por grandes proprietários e, caso seja, se os trabalhadores estão vinculados ao solo sob regimes feudais ou se são trabalhadores livres que recebem salários.

O observador verá que o aspecto das casas da população agrícola varia na medida em que qualquer um desses sistemas prevaleça. Em países jovens e prósperos, o sistema de pequenas propriedades separadas promove a independência e as virtudes que dela derivam, embora não seja favorável ao conhecimento e ao esclarecimento. As famílias vivem muito isoladas; e, assim, ao mesmo tempo que formam fortes vínculos domésticos, elas perdem de vista o que acontece no mundo. Elas se desacostumam com a luz da sociedade e passam a não gostar dela, e a temê-la. Os trabalhadores, nesse caso, geralmente vivem com a família, sejam eles irmãos, como acontece com frequência na Suíça; filhos, como acontece em muitos casarões de fazendas nos Estados Unidos; ou empregados contratados, como era antigamente na Inglaterra – e ainda é em algumas regiões mais afastadas. Em todo caso, a imagem é facilmente preenchida pela imaginação. Todos se dedicam, ao longo do ano, à subsistência. O trabalho nunca tem fim, ele é contínuo; ou, se há pausas, eles ficam inertes e cansados pela ausência de interesses com que se ocupar. Os ofícios da vida são inocentes e o princípio da associação é inofensivo; mas, se há ignorância e preconceito na região, eles se encontram nos casarões das fazendas e, na sua presença, não se deve buscar uma moral superior.

Se pequenas propriedades são mantidas em sociedade, há pobreza ou a sua ameaça. A situação não pode ser duradoura; e isso pode ser bom, uma vez que meios limitados e parceria numa propriedade que requer ser gerida com competência são mais favoráveis ao descontentamento e ao desacordo do que a um estado social bondoso.

O sistema de intermediários é favorável ou desfavorável à moral, na mesma proporção em que o é à prosperidade. Todos sabem a miséria que ele representa na Irlanda e que há, na Itália, muitos casos de êxito total do esquema de meeiros.

Onde a terra pertence a grandes proprietários e é cultivada por trabalhadores, o temperamento e os costumes feudais ainda persistem em alguma medida. Onde os trabalhadores estão ligados à terra deve haver, necessariamente, algum bem que derive da certeza dos meios de subsistência, junto com os males da subserviência à vontade do senhor, da indolência mental e da ignorância. Onde eles não estão irremediavelmente presos à terra, o hábito e o desamparo têm geralmente o mesmo efeito. O filho constrói cercas, valas ou ara a terra onde seu pai construiu cercas, valas ou arou a terra; ele toma sua cerveja, ou cidra, ou vinho ralo (dependendo do país onde ele vive) no mesmo estabelecimento e fala sobre os feitos do senhor e de sua família, assim como os trabalhadores costumavam fazer duzentos anos atrás.

É função do viajante observar qual modo de vida agrícola prevalece e como a moral associada a ele é modificada por circunstâncias particulares.

Classe industrial

Ele deve fazer o mesmo tipo de observações sobre as classes industriais e comerciais do país que visita. Aqui, mais uma vez, as principais diferenças na moral e nos costumes surgem da prosperidade ou adversidade relativa da classe. Tomemos, como exemplo, a fabricação de algodão. Passando pelo operário chinês que manuseia sua lançadeira sentado em seu abrigo de bambu, e o hindu que estira seu fio delicado sob a sombra da palmeira, quantas diferenças existem entre os artesãos da mesma raça – europeus e de origem europeia! Em Massachusetts existem aldeias de artesãos onde ruas inteiras de casas são de sua propriedade; a igreja na área verde central é deles; o Liceu, com sua biblioteca e seus instrumentos, é deles. Há fileiras de casas bem cuidadas, pintadas de branco ou amarelo, com praças na frente e atrás, e venezianas em todas as janelas – todas se erguendo com o ganho das meninas, que trazem suas mães viúvas para comandar seus negócios. Outros estão pagando as hipotecas das fazendas de seus pais. Outros estão tratando de dar a seus irmãos uma educação formal em uma faculdade. Nos assentamentos algodoeiros da Europa, que contraste! Na melhor das hipóteses, os trabalhadores só conseguem custear as suas necessidades e a mudança dos filhos com uma vida de trabalho árduo. Na pior das hipóteses, eles se amontoam, muitas famílias em uma única casa – muitas vezes em um só quarto; a decência é abandonada; a imprudência impera de tal modo que, em alguns setores da sociedade, dificilmente há um homem de 35 anos de idade que não seja avô. Entre eles há uma barbárie tão selvagem quanto havia entre a aristocracia mais cruel dos piores tempos feudais. A corrupção da população artesã mais baixa dos dias de hoje se equipara à da nobreza da França às vésperas da primeira revolução. Cabe ao viajante observar em qual nível, no amplo espectro entre os trabalhadores de Massachusetts e os de Lyon e Stockport, se encontram os artesãos dos lugares que ele visita.

Classe comercial

O caráter da moral de um país depende muito da extensão de seu comércio. Velhos vícios e virtudes vão desaparecendo aos poucos, e novos surgem. Os membros mais velhos de uma sociedade comercial em ascensão queixam-se da perda da simplicidade dos costumes, da introdução de novas necessidades, do relaxamento da moral e da prevalência de novos hábitos. Os membros jovens da mesma sociedade regozijam-se com o fato de o puritanismo estar saindo de moda, com o fato de a fofoca ser provavelmente substituída pelo tipo de interação mais elevado que é introduzido por estranhos e por uma ampliação dos conhecimentos e interesses – eles inclusive afirmam que a moral doméstica se torna mais pura com a expansão geral e a ocupação da mente, suplantando o tédio e o egoísmo nos quais, muitas vezes, a licenciosidade se origina. Uma imagem extraordinária das duas condições de um mesmo lugar pode ser obtida ao compararmos o relato da Sra. Grant sobre a cidade de Albany, Nova York, em sua juventude[62], com o estado atual da cidade. Ela nos fala sobre as brincadeiras das crianças na colina verde onde hoje é a *State Street*; dos chás e dos grupos de trabalho, das fofocas, das brigas e das inimizades mesquinhas e virulentas da sociedade jovem, com sua regularidade geral e retrocessos ocasionais; com o despotismo gentil de seus membros abastados e a obediência mais ou menos relutante ou servil dos personagens subordinados. Em lugar disso, o estrangeiro agora vê uma cidade com prédios públicos magníficos e casas particulares repletas de produtos vindos de todos os países do mundo. Os habitantes estão ocupados demais para se dedicarem à fofoca, livres demais em sua interação com as massas para conservarem muito pudor – o despotismo social e a subserviência tornaram-se impossíveis; há um espírito empreendedor generoso, uma expansão do conhecimento, um aprimoramento da opinião. Por outro lado, talvez, há um declínio da consideração bondosa pelos vizinhos e, certamente, um grande aumento dos vícios menores que são a praga das cidades comerciais. Essa é a transformação causada pelo comércio. Um observador que também seja capaz de especular – alguém que considere o antes e o depois – concluirá que, apesar de algum mal, a mudança é oportuna; e que, no geral, o bem há de emergir da ampliação dos intercâmbios entre homens e sociedades.

---

62. *Memoirs of an American Lady* [de Anne Grant, 1808 – N.T.].

Considerando o comércio como o instrumento que permitirá a todos os habitantes da terra, eventualmente, compartilharem de todas as ideias verdadeiras e da simpatia por todos os bons sentimentos, ele deve observar o progresso feito, nesse sentido, pela sociedade que visita. Ele deve analisar se seus comerciantes, de um modo geral, têm um espírito de empreendimento generoso ou de interesse próprio sórdido; se eles nutrem respeito pelo aprendizado e o gosto pela arte – trazendo um do exterior e valorizando o outro em casa; se, em suma, os comerciantes são os príncipes ou os gananciosos da comunidade. O espírito dessa classe determinará o espírito de seus subordinados. Se os líderes do comércio forem liberais e esclarecidos, os seus empregados prosperarão e terão as virtudes que acompanham o respeito próprio; caso contrário, eles serão desmoralizados. Um agiota judeu se assemelha tanto a um comerciante de Salem ou de Bourdeaux quanto os carregadores malaios em Macau se assemelham à classe de escriturários em Amsterdã. Nas classes mercantis da sociedade podem ser encontrados os extremos da honra, da generosidade, da diligência e da precisão – e da traição, da mesquinhez e da negligência egoísta. Constitui tarefa do viajante observar as tendências em direção a um extremo ou outro – desde o tráfico vexatório de porcos e inhame nas ilhas do Mar do Sul até as transações grandiosas dos comerciantes de Hamburgo.

Saúde

A saúde de uma comunidade é um indicador quase infalível de sua moral. Ninguém há de se surpreender com isso, considerando-se como o sofrimento físico exalta o temperamento, deprime a energia, anestesia a esperança, induz à imprudência e, em suma, envenena a vida. As afeições domésticas também tendem a definhar pela desilusão em países onde a média de mortes é muito elevada. Há menos casamentos em países insalubres e mais casamentos em países sadios, mantidas as outras circunstâncias iguais. O mesmo tipo de espírito (mais ou menos difuso) prevalece em regiões enfermiças e em sociedades atacadas por uma peste. Estude o temperamento das pessoas que sofrem de bócio, das que vivem nos pântanos, das que enfrentam uma febre tropical anual, e compare-o com o dos moradores das montanhas, das pradarias secas e das cidades bem arejadas. Quanto egoísmo, apatia e insatisfação em uma classe! Quanta bondade, vivacidade e alegria na outra! Nos Estados Unidos, um país tão extenso que abrange todo tipo de pessoas e quase todos os climas, a deficiência sanitária comum produz efeitos morais que devem causar impacto no viajante mais desatento. O temperamento epicurista do Sul e o humor puritano do Norte são igualmente incentivados por isso. No Sul, os feitores, que enfrentam a febre, parecem estar sempre praticamente dizendo: "Comamos e bebamos, porque amanhã morreremos". Há uma imprudência nas classes comerciais de lá, uma leviandade e grosseria pagãs que, sem dúvida, se devem em grande parte à presença da escravidão, mas também à certeza de uma mortalidade anual muito alta. Nem o cristianismo mais puro seria capaz de preservar um povo, assim disposto, de um fatalismo mais ou menos alterado. Os membros mais ricos da sociedade deixam as suas casas durante alguns meses todos os anos e vão para o Norte; e essa inquietação eterna das famílias tem um efeito negativo sobre os hábitos dos jovens e o conforto de seus pais. Ela age contra o zelo doméstico, a tranquilidade e a satisfação com os prazeres caseiros. No Norte há um sermão perpétuo sobre a morte, reforçado por sua recorrência incessante; mas ele não tem o efeito de tornar as pessoas menos mundanas que outras. Ele serve apenas para obscurecer a vida com apreensão, incerteza e luto; além do risco de estimular, na vaidade de muitas mentes, a ideia do falso heroísmo no encontro com a morte. Esse parece ser um assunto sério demais para o exercício da vaidade humana; no entanto, ele serve a esse propósito, talvez, em todas as sociedades – e em nenhuma tanto como na Nova Inglaterra. A grande maioria dos jovens, em todas as partes, que não conseguem ter consciência da importância da vida e da simplicidade da morte como o seu fim, tem pensamentos românticos sobre morrer cedo; e, num país onde uma proporção excepcional morre precocemente, essa espécie de glória vã tende a prosperar. A dor sentida em toda parte por mentes realmente desenvolvidas e religiosas, ao verem uma falsa resignação encenada e ao ouvirem sentimentalismos superficiais proclamados à beira da sepultura, é sentida de forma particular em uma região onde é possível ver mães enlutadas que perderam oito, doze ou quinze crianças, e onde dificilmente uma empreitada de qualquer dimensão é realizada sem que seja interrompida ou frustrada por doença ou morte. – Ao ponderar essas considerações, e ao lembrar as consequências de um baixo estado de saúde para cada geração futura, não parece nada extravagante afirmar que a melhor influência sobre a moral da nação americana seria aquela que favorecesse a sua saúde.

A boa e a má saúde são, ao mesmo tempo, causa e efeito da moral boa e má. Nenhuma comprovação é necessária, nem qualquer reflexão aprofundada sobre essa afirmação. Este fato, porém, aponta ao observador o dever de fazer uma avaliação geral correta da saúde da comunidade que ele visita.

Existem dois métodos principais que ele pode empregar para obter o conhecimento que pretende: analisando os registros cívicos e visitando cemitérios.

Um registo fiel dos nascimentos, casamentos e óbitos é algo desejado por filantropos esclarecidos de todos os países avançados, muito mais como uma avaliação da moral nacional e do bem-estar nacional, do que como uma questão de conveniência social relevantíssima. O fisiologista confia nisso como um meio de determinar a condição física da nação; como um guia para que ele possa sugerir e prescrever os métodos para melhorar a saúde nacional e prolongar a expectativa de vida. – O legislador confia nisso como meio de determinar a propensão relativa das pessoas a certos tipos de crimes sociais e as causas dessa propensão; e que a lei seja elaborada de modo a incluir (como todas as leis sábias deveriam incluir) a maior influência preventiva com a maior certeza de punição. – O filantropo confia nisso como um guia para elaborar seu esquema de educação universal; sem isso – sem saber quantos ao todo precisam de educação, quantos em um conjunto de circunstâncias e quantos em outro – ele só consegue avançar na escuridão ou em meio às ilusões de falsas luzes. Ele apenas se atordoa com o conhecimento parcial, que é tudo o que seus melhores esforços lhe permitem obter. Se ele entrar em todas as casas de todas as cidades e vilas em seu distrito, não estará mais próximo de entender a condição intelectual e moral da nação do que estava antes, pois outros distritos têm um solo diferente e ocupações diferentes; os empregos das pessoas, suas doenças e recursos são diferentes; e, sob essas influências diversas, sua condição física e, portanto, moral e intelectual, há de variar. Os relatórios das sociedades filantrópicas tampouco o ajudam muito, por serem elaborados com objetivos parciais e sob influências particulares; as publicações parlamentares também pouco contribuem. Declarações vagas sobre o aumento da embriaguez, a resistência a um ou outro tipo de lei, provocam nele inquietação e angústia; mas essas declarações também são parciais, e tão frequentemente motivadas por um objetivo específico, que não fornecem nenhum guia seguro para quem almeja instituir uma profilaxia ou solução geral. Isso acontece com todos os métodos parciais de observação; mas, quando o filantropo tiver acesso a um registro nacional de nascimentos, casamentos e óbitos, ele terá em mãos todos os materiais de que necessita – de forma tão completa como se ele pairasse sobre o reino, abrangendo todos os seus distritos em uma única visão e espiando à vontade o interior de todas as suas habitações.

As idades relativas dos mortos lhe indicarão não apenas a quantidade de saúde, mas a força comparativa de várias espécies de doenças; e, pelo caráter de suas doenças e pela quantidade de sua saúde, muito do estado moral de um povo pode ser inferido com segurança. A proporção de casamentos em relação aos nascimentos e mortes é sempre um indicativo do grau de conforto desfrutado e da consequente pureza da moral e, portanto, do grau em que a educação está presente ou se faz necessária. Muitas crianças e uma grande proporção de casamentos indicam bem-estar físico e moral e, logo, uma prevalência relativa da educação. Muitos nascimentos e uma pequena proporção de casamentos indicam o contrário. Quando essas circunstâncias são analisadas em conexão com as ocupações predominantes no distrito a que se referem, o filantropo alcança uma certeza suficiente quanto aos meios de educação necessários e ao método como devem ser aplicados.

Infelizmente, em todos os países, há uma insuficiência de registros elaborados para efeitos de indução e posterior utilização prática. O chefe de uma tribo, cujo orgulho é proporcional à sua insignificância bárbara, pode, de vez em quando, dar-se ao luxo de contar as pessoas que considera como sua propriedade; um imperador ambicioso e guerreiro pode organizar um recrutamento; e esses registros podem vir a cumprir propósitos muito mais elevados do que aqueles para os quais foram projetados. Porém, esses casos são raros; e, na arte de construir tabelas e de determinar médias, as pessoas mais civilizadas ainda se encontram, por falta de prática, em um estado de incompetência. Mas, na ausência daquilo que pouparia os observadores da tarefa de apurar os resultados por si próprios, eles devem fazer o melhor com o que estiver a seu alcance. O viajante deve consultar quaisquer registros públicos que possam existir em todos os distritos, e anotar e refletir sobre os fatos que encontrar ali. Caso não exista nenhum, talvez os médicos do distrito possam fornecer alguma informação de documentos particulares da mesma natureza. Do contrário, restam os cemitérios.

Os calculadores da longevidade acreditam que, ao tomar as datas das primeiras trinta lápides nos cemitérios das regiões por onde passam, eles podem descobrir a saúde relativa e a longevidade dos habitantes do país. Seja como for, não há dúvida que uma grande variedade e amplitude de informação pode ser obtida dessa forma. O observador pode avaliar onde as doenças fatais da infância prevalecem mais – o que é o mesmo que saber que a condição física e moral daquele povo é baixa, uma vez que uma grande proporção (não apenas o número) de mortes na infância é um sintoma muito negativo de uma sociedade. Ele pode avaliar onde prevalecem doenças como a tuberculose, ou a febre, e onde a maioria vive uma vida longa. É muito importante saber como a doença e a morte revestem o caráter de qualquer região. Um caráter da moral e dos costumes prevalece onde a maioria falece jovem, e outro onde eles morrem velhos; um onde eles são eliminados pela miséria, outro onde eles definham lentamente de alguma doença; e outro onde vivem uma vida plena e vão para o túmulo como milho no ponto de colheita. Os túmulos no alto dos Montes Allegheny revelarão uma história da moral e dos costumes diferente do cemitério de Nova Orleans, localizado no meio do pântano; da mesma forma que os locais de sepultamento nos subúrbios das cidades irlandesas, caso fossem conhecidos, diferiram dos resilientes valdenses ou dos colonos dignos e prósperos de Frederiksoord[63].

Casamento e mulheres

O pacto de casamento é o aspecto mais importante do estado doméstico no qual o observador pode fixar a sua atenção. Se ele for um pensador, não se surpreenderá ao encontrar muitas imperfeições no estado conjugal, aonde quer que ele vá. Em nenhum arranjo já tentado, a pureza moral, a constância de afeto e a paz doméstica são asseguradas com algum grau de relevância na sociedade. Quase todas as variedades de método ainda estão em uso em alguma parte do mundo. O costume primitivo de irmãos se casarem com irmãs ainda subsiste em algumas regiões orientais. A poligamia é muito comum por lá, como todos sabem. Em países já avançados demais para isso, toda a força da lei e todos os julgamentos de opinião foram mobilizados para tornar o método natural – a limitação de um marido para uma esposa – bem-sucedido e, assim, universal e permanente. A lei e a opinião, no entanto, nunca conseguiram garantir nada parecido com o sucesso total. Mesmo em países jovens e prósperos, onde nenhuma questão relacionada à pobreza, e poucas à ambição, interferem na paz doméstica – onde os números são pro-

---

63. Referência às "colônias da benevolência", um experimento social holandês no século XIX, com o objetivo de combater a pobreza. A colônia de Frederiksoord – na cidade de mesmo nome – foi a primeira delas, fundada em 1818 [N.T.].

porcionais, onde o amor carrega a promessa de um caminho livre e justo, e o sentimento religioso se volta completamente para a santidade do estado conjugal – vê-se que ele está longe de ser puro. Em quase todos os países, a corrupção da sociedade neste aspecto é tão profunda e generalizada que corrompe tanto o sentimento moral quanto a sua prática, num grau quase desesperante. Ela neutraliza quase todas as tentativas de aprimorar e elevar a condição da raça humana. – Há de haver algo terrivelmente errado quando o resultado geral é tão infeliz como este. Assim como na maioria dos outros casos de sofrimento social, o mal não reside nos métodos estabelecidos e praticados, mas no sentimento predominante da sociedade, do qual derivam todos os métodos.

Vale mencionar (ainda que brevemente) os tipos de falsos sentimentos dos quais parece brotar o mal da infelicidade conjugal. – O sentimento que faz da coragem a base principal da honra nos homens, e a castidade nas mulheres, associado à inferioridade na qual as mulheres sempre estiveram submersas, é terreno fértil para a perversão. Bastava que os homens fossem corajosos para torná-los honrados aos olhos da sociedade; ao passo que a condição inferior das mulheres sempre expôs aquelas que não eram protegidas pelo nascimento e pela riqueza à perversão dos homens. – A superficialidade do sentimento de honra é outro grande mal. Em sua origem, a honra inclui o respeito próprio e o respeito dos outros. Com o tempo, "devido à sua ligação íntima com aquilo que é da ordem do interesse e sentimento pessoal, ela corre o grande risco de se degenerar em um sentimento falso e equivocado. Associando-se às noções de caráter que porventura prevaleçam na comunidade, em vez de seguir a regra do certo e de Deus, ela constrói um padrão falso de estima". As exigências da honra passam a ser vistas como aplicáveis apenas aos iguais, ou àqueles cercados de honra, e são desconsideradas em relação aos desfavorecidos. Homens de honra traem as mulheres – aquelas a quem prometem casamento e a quem, ao se casarem, prometem fidelidade, amor e cuidado; e ainda assim sua honra é, aos olhos da sociedade, imaculada. – A ambição feudal é outro sentimento carregado de malefícios para o casamento. Numa sociedade onde prevalecem o orgulho e a ostentação, onde a posição social e a riqueza são consideradas os objetivos principais, o casamento pode ser visto como um meio de alcançá-las. As esposas são escolhidas em função de suas conexões e de sua fortuna, e o amor se encontra em outro lugar. – Qualquer uma dessas espécies corruptas de sentimento, e de outras que existem, arruinariam a paz doméstica, se as leis de cada país fossem tão sábias como elas são hoje, em sua maioria, falhas, e tão poderosas quanto são hoje ineficazes. – Se o viajante tiver isso em mente, ele obterá luz sobre o sentimento moral da sociedade pelas condições da vida doméstica existentes nela; e, por sua vez, o que ele sabe sobre o sentimento moral predominante na sociedade lançará luz sobre a condição doméstica de seus membros.

Outra coisa a ser lembrada com atenção é que o ascetismo e a licenciosidade coexistem universalmente. Toda a experiência prova isso; e todo princípio da natureza humana pode profetizar sua comprovação. Paixões e emoções não podem ser suprimidas por regras gerais. O autoflagelo só pode surgir de um princípio sentido internamente e não da vontade de outra pessoa, ou de qualquer número de outras pessoas. A manifestação só pode ser reprimida e a conduta visível ordenada por regra. Em consequência, vê-se que não há impureza da mente maior do que entre ascetas associados; e em nenhum lugar os crimes da espécie licenciosa são tão graves, outras circunstâncias sendo iguais, como em comunidades dotadas do espírito puritano. Qualquer pessoa bem-informada sobre o assunto sabe que há muita brutalidade nos costumes dos quakers; e o seu gosto pelos prazeres da mesa é aberto à observação de todos. Em nenhum lugar a embriaguez e o infanticídio são mais repugnantes e horríveis, quando ocorrem, do que na Escócia calvinista. A corrupção abismal de Viena é notória; e grande parte dela pode ser atribuída a uma espécie de ascetismo político – a restrições artificiais que não são religiosas, mas que produzem efeitos semelhantes. Política é um tema proibido de conversa. Segundo essa regra, a literatura também é um tema proibido, pois o literário e o filosófico induzem necessariamente à comunicação política. Em Viena, pode-se ver o espetáculo singular de uma multidão reunida que lê, mas ninguém abre os lábios para falar sobre os livros ou sobre seus temas. O que resta, então? O galanteio. Silenciando-se o intelecto, as paixões fogem do controle; e a corrupção excessiva da sociedade – uma corrupção que é notória em todo o mundo civilizado – é a consequência natural. É possível supor com segurança que, onde quer que se imponham restrições artificiais às paixões, ou aos intelectos e anseios dos homens, há licenciosidade, em proporção direta à severidade da restrição.

O celibato do clero, ou de qualquer classe de homens, implica poligamia, virtual se não declarada, em alguma outra classe. O relaxamento da moral doméstica nas ordens superiores de todas as sociedades católicas é uma evidência disso, assim como a existência da poligamia autorizada na Índia. Em toda parte, diz-se que o cristianismo põe fim à poligamia e assim é, tal como o cristianismo é entendido nos países protestantes; mas um olhar sobre o estado da moral em países onde o celibato é a religião do clero – entre os escalões mais elevados na Itália, na França, na Espanha – revela que, embora o nome de poligamia seja negado, a prática é mantida sem grande repúdio. Isso é mencionado aqui simplesmente como um fato, pertinente à nossa investigação sobre como observar a moral e os costumes. Onde quer que o celibato seja amplamente professado é sabido que há, como consequência, não apenas uma violação frequente do ofício, mas também uma indulgência muito maior concedida a outras classes, em função das restrições impostas a uma delas. Os métodos de casamento na Itália e na França – a disposição da mulher em idade precoce, antes mesmo que ela seja capaz de dar um consentimento esclarecido – muitas vezes sem sequer a formalidade de lhe pedir o seu consentimento – no entendimento, tácito ou declarado, de que, dali em diante, ela possa depositar suas afeições em outro lugar – esses procedimentos poderiam ser adotados, poderiam agora ser mantidos, apenas em países onde o ascetismo parcial tenha induzido à licenciosidade correspondente. – Este mesmo fato – a proporção invariável de ascetismo e licenciosidade – existe onde, para alguns, ele seria menos provável: em sociedades que têm a reputação de serem eminentemente puras; e essa afirmação basta para extinguir toda ostentação, toda suposição de superioridade moral inquestionável de um povo sobre outro. Não se trata apenas de que cada nação prefira suas próprias noções de moral às de suas vizinhas; mas que as mesmas coisas que são explícitas naquelas chamadas de mais rudes acontecem naquela que se considera a mais pura. Essa superioridade, tal como ela existe, talvez não se deva em nenhum caso ao rigor do sentimento religioso e da disciplina, mas sim à facilidade mundana que abençoa um país jovem e pouco povoado, e ao refinamento elevado de uma sociedade que fornece aos seus membros uma diversidade extraordinária de interesses e objetivos.

O casamento existe em toda parte e deve ser estudado pelo observador moral. Ele deve observar o caráter do galanteio por onde ele for – se a jovem é negociada e prometida por seus tutores, sem ter visto seu pretendente; como a garota pobre que, ao pedir à mãe que apontasse seu futuro marido entre o grupo de cavalheiros, foi calada com o sermão: "O que você tem a ver com isso?" – ou se eles têm liberdade de partilhar sua fé "seguindo a corrente, atravessando bosques ou florestas escarpadas", como nos Estados Unidos; ou se existe um meio-termo entre esses dois extremos, como na Inglaterra. Ele deve observar como os amantes desafiam o destino em diferentes países. Nós já mencionamos a aquiescência de Philip e Hannah com a sua separação eterna. Ninguém, com a exceção dos morávios talvez, teria se separado dessa maneira para sempre. Os amantes escoceses combinam de se reencontrar depois de tantos anos dedicados a "construir a vida". Os amantes irlandeses encerram o assunto, em caso de problemas, comparecendo perante o padre na manhã seguinte. Em um país há o recurso de usar a varanda e uma escada de corda; em outro, um barco a vapor e o refúgio em um lugar remoto; num terceiro, confiança e paciência; e flertes intercalados, para passar o tempo, em um quarto. Ele deve observar o grau de ambição mundana que acompanha os casamentos e que, portanto, pode-se supor que lhes serve de estímulo – quanto espaço a casa de dois quartos na vida humilde, e a residência de campo e as carruagens na vida superior, ocupam na mente da noiva ou do noivo. – Ele deve observar se a infidelidade conjugal provoca horror e raiva, ou se ela é tão comum que nenhum ciúme interfere no sentido de prejudicar os arranjos de conveniência mútua. – Ele deve analisar se as mulheres se tornam propriedade cabal de seus maridos, em espírito e patrimônio; ou se a esposa é tratada, mais ou menos declaradamente, como parte igual no acordo. – Ele deve observar se há uma classe excluída, vítima de sua própria superstição ou de uma falsa obrigação social, dedicando-se a perturbar, com seu ciúme ou licenciosidade, aqueles mais bem-afortunados. – Ele deve observar se há arranjos domésticos para a diversão familiar, ou se tudo está planejado na suposição de que o prazer se encontra do lado de fora; se eles se apoiam nos livros, jardins e brincadeiras com as crianças, ou na ópera, festas, cervejarias ou danças no gramado. – Ele deve observar se as mulheres se ocupam dos cuidados domésticos pela manhã e da companhia de seus maridos à noite; ou com bordados, observando a rua das varandas; recebendo visitas todo o dia ou passeando na rua; na biblioteca ou no quarto das crianças; com amantes ou com filhos. – Em todos os países chamados civilizados, ele encontrará quase todas essas variações: mas, em todos, há um caráter tão predominante no que se refere à vida doméstica, que a observação inteligente lhe permitirá concluir, sem muito risco de erro, se o casamento é apenas um acordo de conveniência, consoante a uma moral inferior, ou uma instituição sagrada, que inspira a reverência e o sentimento de um povo virtuoso. Nenhum grau elevado dessa santidade há de ser encontrado até que a moderação seja alcançada; moderação que, na prevalência do ascetismo e de seu oposto, é conquistada apenas por poucos. Porém, para o observador viajado, é bastante evidente que ela ainda não existe, em parte alguma, como característica de qualquer sociedade – que todas as bênçãos da vida doméstica ainda não são concedidas a todos, de modo a impedir o perigo de alguém intrometer-se com seu vizinho. Só cabe a ele observar o grau de aproximação a esse estado de moral elevada, aonde quer que ele vá.

Em todos os lugares o viajante descobre que a mulher é tratada como o elemento inferior de um pacto em que ambas as partes têm interesses iguais. Qualquer acordo assim constituído é imperfeito e sujeito a perturbações; e o perigo é proporcional à degradação da parte supostamente mais fraca. O grau de degradação da mulher é o melhor critério que o moralista pode adotar para averiguar o estado da moral doméstica de qualquer país.

A indígena norte-americana carrega os fardos domésticos, arrastando-se na poeira, enquanto seu marido marcha à sua frente, a cavalo, levando nada além de seus próprios adereços vistosos. Ela carrega o saco de alimentos, a esteira para a cabana, a mercadoria (se possuírem algo) e seu bebê. Não há dispensa do trabalho para a mulher do chefe mais celebrado. Em outros países, vemos a esposa puxando o arado, cortando lenha e carregando água; os homens da família ociosos a testemunhar sua lida. Aqui, o observador pode tirar conclusões claras. De uma condição de escravidão como essa, as mulheres ascendem à condição mais elevada em que se encontram atualmente na França, na Inglaterra e nos Estados Unidos – onde elas ainda são privadas de educação, impedidas de ganhar a subsistência, exceto em pouquíssimas funções malremuneradas, e proibidas de dar ou de negar o seu consentimento a leis às quais ainda estão obrigadas a obedecer sob ameaça de punições. Na França, devido à grande destruição dos homens nas guerras de Napoleão, as mulheres estão envolvidas, e envolvidas com sucesso, em uma variedade de ocupações que, noutros locais, são consideradas inadequadas para mulheres. No entanto, ainda há um número tão considerável de mulheres que, mesmo com o trabalho mais árduo em ocupações femininas, não conseguem prover sua subsistência, enquanto os luxos podem ser conquistados pela infâmia, que a moral da sociedade se revela naturalmente perversa. Ultimamente, esse assunto tem recebido grande atenção na França: a condição social das mulheres é matéria de reflexão e discussão em um grau que promete um avanço considerável. As mulheres já podem fazer mais na França do que em qualquer outro lugar; elas podem arriscar mais sem serem ridicularizadas ou impedidas arbitrariamente: e as mulheres da França estão provavelmente destinadas a liderar o progresso que o sexo feminino há de fazer no futuro. Atualmente, a sociedade está passando por uma transição de um estado feudal para um estado de governo mútuo; e as mulheres, ganhando em alguns aspectos, sofrem em outros durante o processo. Felizmente, para si mesmas, elas perderam muito do tipo peculiar de observância que era a característica mais notável da época cavalheiresca; e tem sido impossível impedir-lhes de partilhar dos benefícios do avanço e difusão do conhecimento. O refinamento de seus poderes lhes garantiu o uso de um novo poder, de modo que a sua condição é muito superior à de qualquer época anterior. Porém, surgiram novas dificuldades de garantir a subsistência. O casamento é menos generalizado; e os maridos da grande maioria das mulheres não têm seu sustento assegurado pelos senhores da terra, assim como as mulheres não têm por serem casadas. A responsabilidade pela sua própria subsistência recai sobre muitas mulheres, sem que lhes tenha sido aberta a variedade essencial de empregos, ou sem que tenham tido acesso à educação necessária. Uma consequência natural disso é que as mulheres são educadas para considerar o casamento como o único objetivo da vida e, portanto, para serem extremamente impacientes para assegurá-lo. A influência adversa desses resultados sobre a felicidade da vida doméstica pode ser vista de imediato.

Essa pode ser considerada a síntese da educação feminina na Inglaterra; e a situação não é muito melhor na França, embora a independência e a eficiência prática das mulheres lá sejam maiores do que em qualquer outro país. Nos Estados Unidos, as mulheres se encontram numa condição inferior, embora haja menos esforço para casar-se, devido à sua frequência maior, e poucas restrições sejam impostas à educação formal que as mulheres podem obter. No entanto, as velhas noções feudais sobre o sexo feminino florescem ali, enquanto caem em desuso nos países mais avançados da Europa; e essas noções, na realidade, regulam a condição das mulheres. De um modo geral, as mulheres americanas não são tratadas como iguais, mas com uma espécie de observância externa supersticiosa que, na medida em que nada fizeram para merecê-la, é falsa e ofensiva. Ao mesmo tempo, há uma dificuldade extrema para a mulher obter seu sustento, exceto pelo exercício de alguns poderes raros. Num país onde as mulheres são criadas para serem esposas mimadas não há esperança, ajuda ou perspectiva para aquelas que não têm dinheiro e que não são casadas.

Na América, as mulheres só conseguem ganhar o seu sustento por meio do ensino, da costura, do trabalho em fábricas, da manutenção de pousadas e do serviço doméstico. Algumas governantas são razoavelmente bem pagas, se compararmos os seus rendimentos com os dos homens. O trabalho nas fábricas e o serviço doméstico são bem remunerados. Costurar é uma ocupação tão miserável, em toda parte, que é de se esperar que a maquinaria em breve substitua o uso de dedos humanos em um trabalho tão pouco lucrativo. Em Boston, Massachusetts, uma mulher recebe nove centavos (seis centavos ingleses) para fazer uma camisa. – Na Inglaterra, além dessas ocupações, outras estão se abrindo; e, o que tem consequências ainda maiores, a opinião pública está despertando para a necessidade de ampliar a esfera da indústria feminina. Alguns dos ramos menos sofisticados das artes plásticas têm, recentemente, oferecido empregos lucrativos a muitas mulheres. As dificuldades comerciais a que o país tem sido exposto, de tempos em tempos, têm servido ao sexo feminino, lançando centenas e milhares delas à própria sorte e, assim, impelindo-as a clamar por reivindicações e a mostrar poderes que são mais respeitados a cada dia. – Na França isso é ainda mais evidente. Lá, as mulheres são lojistas, comerciantes, contabilistas profissionais, editoras de jornais e empregadas de muitas outras formas, sem precedentes em outros lugares, mas consideradas naturais e respeitáveis o suficiente no país.

Essas diferenças afetam a moral doméstica em dois aspectos principais. Onde as ocupações femininas de natureza lucrativa são escassas e, portanto, concentradas – gerando, assim, uma subsistência miserável com dificuldade –, existe a tentação mais forte de preferir o luxo com a infâmia à privação com a honra não reconhecida. Daí advém grande parte da corrupção das cidades – nos Estados Unidos menos do que na Europa, dada a prevalência do casamento, mas de dimensões terríveis em toda parte. Onde o vício parece ser o interesse de classes amplas de mulheres, o observador pode ter certeza de que a moral doméstica há de ser impura. Se ele encontrar alguma sociedade onde os objetivos de vida sejam tão variados e tão livremente abertos às mulheres quanto aos homens, aí ele pode estar certo de encontrar a maior quantidade de pureza e paz doméstica; pois, se as mulheres não fossem indefesas, seria muito menos fácil para os homens serem cruéis.

A outra forma pela qual a moral doméstica é afetada pelo alcance permitido aos poderes das mulheres é por meio das opiniões induzidas sobre o casamento. O casamento é corrompido ao ser considerado o único objetivo mundano da vida – aquele do qual dependem a subsistência, o prestígio e o poder. Quando o marido se casa por relações, fortuna ou por um herdeiro para sua propriedade, e a esposa por estabilidade, prestígio ou influência, não há fundamento para uma moral doméstica elevada e uma paz duradoura; e em um país onde o casamento é o objetivo único de todas as mulheres, não há segurança contra a influência de alguns desses motivos, mesmo nos casos mais simples e puros de afeição. A sordidez se insinua desde os primeiros anos; a mácula está na mente antes de a relação começar, antes de os sujeitos se encontrarem; e os efeitos nefastos sobre o estado conjugal são incalculáveis.

Tudo isso – o sentimento da sociedade em relação à mulher e ao casamento, a condição social da mulher e, consequentemente, a tendência e o objetivo de sua educação – o viajante deve observar com cuidado. Todas as sociedades civilizadas reivindicam para si a superioridade no tratamento dispensado à mulher. Em uma ela é entretida com eventos religiosos e bailes de máscaras, ou um espetáculo de Punch[64], como uma variedade ocasional. Em outra, ela é deixada na posse honrosa e indiscutível do trabalho doméstico. Em uma terceira, ela tem a permissão de interferir, nos bastidores, nos negócios administrados por seu marido. Em uma quarta, ela se contenta em ser a estimada companheira doméstica, inconsciente do dano de estar condenada à estreiteza de espírito que acompanha quem está sempre confinada ao círculo doméstico. Em uma quinta, ela se sente lisonjeada por ser protegida e mimada como um ser que

---

64. Referência provável a *Punch and Judy*, tradicional espetáculo de marionetes no Reino Unido, em particular seu protagonista Mr. Punch, cujas primeiras referências remontam ao século XVI [N.T.].

exige cuidados constantes e é fraco demais para cuidar de si mesmo.
Numa sexta sociedade pode haver meios crescentes de ocupação independente, de emprego responsável para as mulheres; e eis aqui, mantidas outras circunstâncias, a melhor promessa de fidelidade e satisfação doméstica.

Naturalmente, as mulheres que dispõem de apenas um objetivo – o casamento – tornam-se incapazes de qualquer outra coisa quando o seu objetivo é alcançado, como se nunca tivessem tido objetivo nenhum. Elas são tão despreparadas para a tarefa da educação quanto para a do governo de Estado; e, se alguma reviravolta inesperada da adversidade lhes acontecer, elas não têm outra opção senão ir para um convento ou receber alguma ajuda caridosa. Por outro lado, onde as mulheres são criadas para serem capazes de ter uma vida independente, outros objetivos permanecem quando o grande objetivo é alcançado. Sua independência de espírito as coloca fora do alcance do usurpador; e sua racionalidade apurada as torna guardiãs respeitáveis dos seres racionais cujo destino está confiado em suas mãos. Ainda existe, como pode ser visto com um simples olhar sobre a sociedade, apenas uma disposição muito imperfeita, em toda parte, de educar as mães para fazer justiça à próxima geração; mas o observador da moral pode se beneficiar identificando o grau em que essa imperfeição se aproxima da barbárie. Onde ele vê que as meninas são internadas em conventos para estudar e não têm outra alternativa na vida senão o casamento – no qual a sua vontade não tem qualquer participação – ou voltar para o convento, ele pode concluir com segurança que a pluralidade de amantes é algo comum e os prazeres domésticos do tipo mais elevado são indesejados e desconhecidos. Ele pode concluir que os filhos seguirão os passos de seus pais; e que, pelo menos pela próxima geração, haverá pouco ou nenhum progresso. No entanto, onde ele encontra uma variedade de ocupações abertas às mulheres; onde ele as vê não apenas se dedicando às artes mecânicas mais leves, fazendo caridade e organizando escolas para os pobres, mas também ocupadas na educação, no estudo da ciência e na prática das belas-artes, ele pode concluir que aí reside o prazer doméstico mais elevado já alcançado e a maior esperança de mais avanços.

Crianças

As crianças em todos os países são, como diz a Sra. Grant de Laggan[65], primeiro vegetais, depois são animais, e então elas se tornam pessoas; mas a forma como elas passam de um estágio para outro é tão diferente, em diferentes sociedades, quanto seu estado de espírito quando são adultas. Todas elas possuem membros, sentidos e intelecto; mas o desenvolvimento de seu coração e de sua mente depende sobremaneira do espírito da sociedade em que são criadas. O viajante deve observá-las onde quer que as encontre. Em um país, multidões delas perambulam pelas ruas, desfrutando o sol e matando bichos; enquanto os filhos das pessoas mais pobres de outro país estão decentemente vestidos e ocupados com as tarefas domésticas que são capazes de fazer, ou na escola, ou brincando entre as pedras, ou subindo em árvores, ou rastejando pelas pontes de madeira, sem medo ou perigo. A partir dessa única evidência o observador pode aprender sobre a pobreza e a ociosidade das classes mais baixas da Espanha, e sobre o conforto e a diligência das dos Estados Unidos. Quanto aos filhos das classes mais ricas, existe a maior diferença do mundo entre aqueles que são os ídolos de suas mães (como nas sociedades onde o amor do coração, ignorado pelo

---

65. Referência à escritora e poeta escocesa, Anne Grant (1755-1838) [N.T.].

marido, se derrama sobre os filhos), e aqueles que, desde cedo, são imersos na corrupção (como nos países escravocratas); aqueles que são criados como filósofos e santos, e aqueles para quem o lar é um paraíso ensolarado cercado de amor e cuidado; e aqueles que são como pequenos homens e mulheres do mundo desde o momento em que conseguem andar sozinhos. Todos esses tipos de crianças existem – decerto frutos da atmosfera moral de seus lares. O viajante deve observá-las, conversar com elas e descobrir, por sua atitude em relação a seus pais e pela inclinação de seus afetos, qual é o espírito das famílias do lugar.

A partir da observação dessas classes de fatos – a ocupação do povo, o respectivo caráter das classes produtivas, a saúde da população, a situação do casamento e das mulheres, e o caráter da infância – o moralista pode aprender mais sobre a vida privada de uma comunidade do que a partir da conversa com qualquer número de indivíduos que a compõem.

Capítulo IV
Ideia de liberdade

Ele, que ensinou o homem a conquistar tudo
O que há entre o berço e o túmulo,
Coroou-o o Rei da Vida. Ó esforço vão,
Se, por sua própria vontade, escravo submisso,
Ele enaltece a opressão e o opressor!
E se a terra pudesse vestir e alimentar
Vastos milhões de acordo com sua necessidade,
E o poder do pensamento fosse como a árvore que há na
semente? Ou se a arte, mediadora ardorosa,
Mergulhando com asas de fogo até o trono da natureza,
Visse a grande mãe inclinar-se para acariciá-la,
E clamasse: Dá-me, vossa filha, domínio
Sobre todas as coisas? Se a vida pode gerar
Novos anseios, e riqueza dos que labutam e sofrem
Rendei vossas dádivas mil vezes mais.

Shelley

A mesma regra – observar as coisas em vez de se basear no discurso das pessoas – é válida na tarefa de identificar a ideia de liberdade alimentada e praticada por uma sociedade. As coisas a serem observadas para esse fim são as que se seguem.

A consideração mais óbvia de todas é a quantidade de arranjos feudais remanescentes – tão óbvia que não exige mais que uma breve menção. Se as pessoas se contentam em obedecer à vontade de um senhor da terra, em sair para caçar ou lutar à sua ordem, em pedir seu consentimento para os casamentos entre seus dependentes e em ter apenas o que ele permite, a situação delas é clara. Elas são destituídas de qualquer ideia de liberdade e podem ser consideradas, na melhor das hipóteses, apenas semicivilizadas. – Pouco importa se toda essa subserviência é dada ao proprietário das terras ou ao soberano do país, representado por sua polícia ou seus soldados. Por um lado, a obediência cega e ignorante a qualquer governo que os súditos não tiveram qualquer participação em sua constituição, e a imposição dessa obediência, por outro, constitui o temperamento feudal.

Um austríaco elegante de classe média estava, recentemente, fumando à sua porta. Um galhofeiro, que queria ver até onde iria a deferência do homem em relação à polícia, aproximou-se dele e sussurrou-lhe ao ouvido: "Você tem que dançar". O austríaco ficou olhando. "Dance, estou mandando!" – repetiu o estranho, com ar de autoridade. "Por que eu tenho que dançar?" – perguntou o austríaco, após tirar o cachimbo da boca. "Porque eu, um agente da polícia, estou mandando." Imediatamente, o austríaco começou a saltar e continuou seu exercício até se cansar, certo de ter satisfeito o policial. – Nos Estados Unidos, o contraste é risível. Nas reuniões públicas, apela-se ao sentimento democrático do povo para preservar a ordem. Se um orador for fazer um discurso em uma celebração, os soldados (a milícia mais semelhante aos cidadãos) poderão ser vistos colocando os braços em volta do pescoço dos ouvintes recém-chegados, pedindo para que deixem assentos vagos para a banda. Se, para a entrega de uma placa a um estadista, o número de pessoas que se aglomeram no teatro for duas vezes maior do que o edifício pode acomodar, arengas poderão ser ouvidas nas galerias próximas, com apelos à cortesia e à gentileza da multidão – considerados tão eficazes no controle dos movimentos da multidão quanto qualquer número de baionetas ou cassetetes dos policiais.

Polícia

Isso leva à menção da polícia de um país como um sinal seguro da ideia de liberdade que existe nele. Onde os soldados são os guardiões da ordem social, faz toda a diferença se eles são tropas reais – uma máquina destrutiva organizada contra o povo – ou uma Guarda Nacional, emergindo quando necessário entre o povo, para o bem do povo, ou uma milícia, como a americana mencionada acima, virtualmente supervisores da reunião e nada mais. Independentemente de como seja julgada a facilidade comparativa de atuação, em qualquer circunstância, entre uma polícia como a de Paris e uma polícia como a das cidades americanas (uma galhofa para os governantes europeus), é um fato surpreendente que, por meio século, a ordem tenha sido preservada, de um modo geral, num país onde as reuniões públicas são cem vezes mais frequentes do que em qualquer reino da Europa, por meios que na Europa sequer são considerados. Claramente, onde a paz é mantida pelo consenso da vontade, a ideia de liberdade deve ser elevada e o amor à ordem social inteligente e forte. Com a exceção dos conflitos decorrentes da instituição da escravidão (que exigem um tratamento mais profundo do que qualquer espécie de força policial possa exercer), os Estados Unidos, com as oportunidades de desordem multiplicadas por cem, têm menos casos de violação da ordem pública do que qualquer outro país no mesmo espaço de tempo; e essa ordem é preservada pela vontade popular, com pleno conhecimento de todos de que não há nenhum poder que controle essa vontade. Esse fato diz muito a favor dos princípios, se não da política, do povo americano.

Nos Estados Unidos, o viajante pode percorrer mais de mil quilômetros em qualquer direção, ou viver dez anos em um mesmo lugar, sem que a ideia de controle, para além da conveniência social, lhe seja apresentada à mente. Paul Louis Courier nos relata a experiência de um conhecido seu. *"Un homme que j'ai vu arrive d'Amérique. Il y est resté trois ans sans entendre parler de ce que nous appelons ici l'autorité. Il a vécu trois ans sans être gouverné, s'ennuyant à périr."* – Na França, ele não pode sair em direção ao local da Bastilha sem ver-se cercado por sentinelas em menos de 5 minutos. – Na Itália seus bagageiros são abertos para examinar os livros que ele carrega e buscá-los na lista de obras proibidas. – Na Espanha não há nada que ele diga em público que não seja provavelmente do conhecimento das autoridades antes do anoitecer; ou, em privado, que um padre não saiba após o próximo período de confissão. – Na Suíça ele descobre que é livre para fazer o que quiser, exceto perguntar sobre a situação do país. Se ele perguntar, como fez o Imperador José antes dele, *"Quels sont les Revenues de votre république?"*, pode receber a mesma resposta: *"Ils excedent nos dépenses"*. – Na Alemanha sua situação é semelhante à dos habitantes das cidades; seu caminho é livre e agradável desde que ele persiga objetivos menores, mas torna-se extremamente inconveniente caso ele busque satisfazer seu interesse pela política. – Na Polônia ele verá as evidências da autoridade por todos os lados, embora raramente ouça o nome de seu chefe. – Na Rússia ele encontrará pessoas falando de seu déspota como seu pai, e perceberá que é mais ofensivo aludir à mortalidade dos imperadores do que falar levianamente com os filhos sobre a morte de seus pais. Um cavalheiro da comitiva de um embaixador inglês perguntou, após ter sido conduzido pelo palácio imperial de São Petersburgo, em qual dos aposentos que ele visitou o Imperador Paulo havia sido morto. Nenhuma resposta foi dada à sua pergunta, nem à sua repetição. Ele insistiu de forma imprudente, até que alguma resposta fosse necessária. Seu guia sussurrou, apreensivo: "Paulo não foi morto. Imperadores não morrem; eles transcendem a vida".

Essas são algumas das relações do povo com a autoridade que surpreenderão a observação do viajante nos países estrangeiros mais civilizados. Elas também serão evidenciadas nos menores detalhes que ele vê e que podem indicar, de alguma forma, quais são as funções da polícia e onde ela tem mais ou menos autoridade. O Imperador Paulo emitiu um decreto sobre cadarços, cujo descumprimento era sujeito a uma pena bastante severa. Seu filho havia recentemente ordenado a medida exata dos bigodes e do corte de cabelo traseiro a ser observada pelos oficiais do exército. Em algumas regiões, todos os homens andam armados: em outras, é crime portar armas; em outras, as pessoas podem fazer o que quiserem. Em alguns países, costumes de classe são impostos por lei; em outros, pela opinião; enquanto, num terceiro, a única ditadora é a moda. Em algumas sociedades, os cidadãos devem obter permissão das autoridades para se deslocarem de um lugar para outro; em outras, apenas os estrangeiros são atormentados com passaportes; noutras, há liberdade plena de locomoção para todos. – Em sua observação do funcionamento da autoridade, tal como encarnada em uma força policial, a sua própria experiência de restrição ou de liberdade lhe proporcionará amplo material para reflexão e base de inferência.

A restrição existente deriva seu caráter principalmente de sua origem. Há uma grande diferença se a polícia é composta de sujeitos de um soberano despótico que trata seus súditos como sua propriedade; ou se eles são agentes de um governo representativo, nomeados por governantes responsáveis pelo bem público; ou se eles servem a um povo autônomo, escolhidos por aqueles que são objeto de seu trabalho. Há uma grande diferença se eles são pagos secretamente por um indivíduo irresponsável, nomeados por ordem de um parlamento ou eleitos por uma assembleia de cidadãos. De todo modo, a sua existência e a sua função evidenciam a ausência ou a presença de uma noção geral de liberdade entre o povo; e a sua natureza, caso ela exista.

Legislação

Pressupõe-se que o viajante tem conhecimento, antes de partir, de qual é a forma de governo e o curso geral da legislação da nação que ele estuda. Ele deverá observar ambos, acompanhando a administração e a elaboração das leis – visitando, onde for permitido, os tribunais de justiça, bem como os salões do parlamento. Contudo, ele deve lembrar que nem a composição do governo, nem o conjunto das leis, nem a sua administração, constitui evidência de qual é a ideia de liberdade presente entre o povo, exceto em uma república democrática, onde os atos do governo são resultado da última expressão da vontade nacional. Todos os outros sistemas representativos são demasiado parciais para que os seus atos legislativos sejam mais do que a expressão da vontade de um partido; e em todo lugar, exceto na América, o grande corpo de leis é obra de épocas anteriores. Assim, embora o observador deva continuar atento aos atos legislativos e administrativos mais relevantes, ele deve enfocar outros conjuntos de circunstâncias para determinar qual é a noção de liberdade existente que prevalece entre o povo. Ele observará, a partir de certos fatos de seu arranjo, qual há de ser essa ideia; e, a partir de certas classes de seus próprios atos, o que ela realmente é.

Uma das circunstâncias mais importantes é saber se a população está completamente dispersa pelo território do país ou se ela se agrupa em sociedades amistosas. Essa condição fundamental já foi discutida tantas vezes que basta lembrar ao observador que nunca a perca de vista. *"Plus un peuple nombreux se rapproche"*, diz Rousseau, *"moins le gouvernement peut usurper sur le souverain. L'avantage d'un gouvernement tyrannique est donc en ceci, d'agir à grandes distances. A l'aide des points d'appui qu'il se donne, sa force Auge au loin, comme celle des léviers. Celle du peuple, au contraire, n'agit que concentrée: elle s'évapore et se perd en s'étendant, comme l'effet de la poudre éparse à terre, et qui ne prend feu que grain à grain. Les pays les moins peuplés sont ainsi les plus propres à la tyrannie. Les bêtes féroces ne régnent que dans les déserts".*

Decerto, a ideia de liberdade – que só pode originar-se no intercâmbio de muitas mentes, assim como a própria liberdade só pode ser forjada pelo trabalho de muitas mãos unidas – não há de ser encontrada onde as pessoas vivem isoladas, destituídas de qualquer conhecimento dos interesses e desejos da comunidade em geral.

Classes sociais

Observar se a sociedade se divide em duas classes, ou se existe uma gradação, é outra consideração importante. Onde há apenas duas, proprietários e trabalhadores, a ideia de liberdade é deficiente ou ausente. A classe proprietária não tem outro desejo em relação ao tema, senão reprimir as intrusões do soberano acima delas ou da classe servil abaixo delas; na classe servil, a noção de liberdade ainda não está formada. Somente em países bárbaros, em países onde a escravidão subsiste e em alguns poucos redutos do feudalismo, essa divisão estabelecida da sociedade em duas classes ainda pode ser encontrada. Em todos os outros lugares há uma certa gradação e, nos países mais avançados, as classes são pouco distinguíveis. Abaixo dos membros que, nas sociedades europeias, se distinguem pelo nascimento, existe uma classe inferior à classe dos capitalistas; embora seja comum compreender todas elas, por conveniência de expressão, sob o nome de classe média. Assim, costuma-se dizer que a sociedade na Grã-Bretanha, na França e na Alemanha consiste em três classes, conquanto as divisões da classe média são, na verdade, muito numerosas. O pequeno comerciante não pertence à mesma classe do proprietário de terras, do banqueiro rico ou do profissional liberal; ao mesmo tempo que as suas visões da vida, os seus princípios políticos e as suas aspirações sociais são tão diferentes quanto os do fidalgo e do trabalhador mecânico.

Há duas possibilidades no progresso da ideia de liberdade em uma comunidade – a primeira é a mistura das funções de proprietário e de trabalhador no conjunto de uma sociedade regida por um governo representativo; a outra é a definição da hierarquia por algum outro princípio que não seja a sucessão hereditária.

Antigamente, a maioria dos homens era de proprietários e trabalhadores, mas sob um governo despótico. As sociedades que já conheceram o princípio representativo não parecem inclinadas a retroceder para esse estado, embora sempre haja influências para exaltar a função do trabalho e ampliar a da propriedade. Onde quer que essa mistura de funções tenha chegado mais longe – onde quer que as classes mecânicas estejam se tornando capitalistas e os proprietários estejam sujeitos a perder sua antiga honra, a menos que sejam capazes de garantir respeito por suas qualidades pessoais –, a ideia de liberdade é, em grau considerável, defendida e valorizada. Nesse caso, claramente, tanto o poder quanto o desejo de intrusão por parte da classe superior devem ser reduzidos; e os de resistência, por parte da classe inferior, devem ser elevados. – O outro avanço é consequência desse. Uma vez que a propriedade, com as suas influências feudais, perde seu prestígio (embora ganhando verdadeira dignidade), alguma outra base de distinção precisa ser estabelecida. A julgar pelo que vemos no mundo ocidental, o talento provavelmente será o próximo sucessor. Há de se esperar que o talento, por sua vez, dê lugar ao valor moral – cujos graus mais elevados implicam, no entanto, a superioridade do poder mental. A preferência pelas aptidões pessoais em detrimento das dotações externas já começou no mundo e avança rapidamente. Essa distinção de posições, tal como existe na América, deriva das aptidões mentais. Os estadistas, que ascendem por seu próprio poder, ocupam a posição mais elevada; depois, os escritores. O capitalista mais rico dá lugar, na opinião de todos, a um orador popular, a um escritor de sucesso ou a um clérigo eminente. – Na França, as honras da nobreza e os cargos do Estado são concedidos a homens da ciência, filosofia e literatura. O mesmo acontece em algumas partes da Alemanha; e, até na Inglaterra aristocrática, os membros mais jovens de sua Câmara Alta não se satisfazem com serem apenas nobres e anseiam abrir caminho na literatura, bem como na política. – O viajante deve estar atento a sintomas como esses, sabendo que, à medida que as barreiras hierárquicas são derrubadas e o talento pessoal se impõe sobre as qualificações hereditárias, a coerção social deve ser abrandada e o sentimento de liberdade exaltado.

Criadagem

Em estreita conexão com isso, o viajante deve observar a condição dos servos. O tratamento e a conduta dos empregados domésticos dependem de causas muito mais profundas do que os princípios e temperamentos particulares de servos e senhores, como é possível ver em uma observação rápida do serviço doméstico na Inglaterra, na Escócia e na Irlanda. Na Inglaterra, a antiga rivalidade entre saxões e normandos é latente (por mais inconscientes que as partes sejam deste fato) na relação entre senhores e servos. Empregados domésticos que nunca ouviram falar de normandos ou saxões nu-

215

trem uma convicção profundamente enraizada de que os interesses de seus senhores e os seus próprios são diretamente opostos, e carregam um forte sentimento de agravo. Os senhores, sem nunca sequer refletir sobre as transações do século XII, queixam-se da tenacidade, do egoísmo e da indiferença obstinada da classe dos domésticos, onde a bondade não é capaz de adentrar ou adentra apenas para corromper. Essa relação é, portanto, penosa na Inglaterra. Há pouca satisfação a ser obtida entre os extremos da servidão e da rebeldia, que caracterizam a conduta dos servos quase tão distintamente agora como quando a nação era sete séculos mais jovem. As donas de casa inglesas queixam-se de que a confiança só torna suas criadas presunçosas e que a indulgência as corrompe. – Na Irlanda, a situação é semelhante, mas bastante pior. O sofrimento de ter uma aristocracia estrangeira imposta ao país, a quem os nativos devem servir, é mais recente e esse sentimento se mantém de forma mais consciente. Os servos são maltratados e, em troca, prestam maus serviços. É triste ver a disposição das casas em Dublin. Os salões se assemelham a um palácio, enquanto os quartos dos criados são masmorras escuras e úmidas. As queixas sobre a sujeira, a falsidade e a falta de fé dos servos irlandeses são enfadonhas – queixas que suas patroas estão sempre prontas para compartilhar com o estrangeiro; e é deplorável testemunhar seus efeitos no agregado familiar. É igualmente triste e bizarro ver a senhora de algumas famílias entrar na sala do café da manhã com um pão debaixo do braço, o prato de manteiga numa mão e um molho de chaves na outra; vê-la cortar o pão no número de fatias exatas e mandá-las para a cozinha para serem torradas, argumentando que ela é obrigada a trancar o próprio pão para que não seja roubado por seus servos e falando mal deles como se ela esperasse que eles fossem dignos de confiança, enquanto ela os insulta diariamente com a recusa de qualquer confiança – até mesmo no cuidado com um tabuleiro de pães. Na Escócia, a situação é muito diferente. A servidão e a estrutura de clãs estão interligadas, em vez de servidão e conquista. A disposição para servir é proporcional; e as falhas dos domésticos não são aquelas comuns aos oprimidos, mas sim as que decorrem do orgulho e da obstinação. O empregado doméstico escocês ainda tem orgulho do chefe cujo nome carrega a estima de todos os membros de um clã; e, a serviço do chefe, há poucos esforços que seu membro mais humilde não faria. Os resultados são óbvios. Há um entendimento melhor entre as duas classes do que nas outras divisões do reino; e os senhores e senhoras escoceses obtêm uma satisfação de seus empregados que nenhum grau de justiça e bondade dos criados ingleses e irlandeses pode assegurar. Os resquícios de uma opressão de séculos não podem ser eliminados pela ação dos temperamentos individuais, mesmo que sejam os melhores. As causas da divergência, como dissemos, são profundas.

Os princípios que regem a condição dos empregados domésticos em cada país constituem, portanto, um objeto profundo e amplo para as investigações do viajante. Na América ele ouvirá das damas queixas frequentes sobre o orgulho de suas criadas e sobre a dificuldade de acomodá-las, enquanto ele observa que algumas são as amigas mais íntimas das famílias a que servem; e que não são poucas as que colecionam livros e frequentam cursos de palestras científicas. O fato é que, na América, há um conflito entre princípios opostos e as consequências do embate se manifestam, sobretudo, na relação entre senhores e servos. As antigas noções europeias acerca da degradação da servidão sobrevivem nas mentes de seus descendentes americanos e são alimentadas pela presença da escravidão no mesmo continente e pela importação de trabalhadores da Europa, o que segue ocorrendo. Essas noções conflitam com as ideias democráticas da honorabilidade do trabalho livre por contrato. Em um primeiro momento é difícil estabelecer os limites do contrato; e os patrões correm o risco de pecar, devido ao hábito arraigado, pela arrogância; ao passo que os servos tendem a pecar pelo comportamento crítico e zelo de seus próprios direitos. Tais são as inconveniências de um estado de transição – um estado em que, contudo, vale lembrar, outras sociedades ainda não ingressaram. Em uma casa de campo irlandesa, o hóspede pode se sentir tentado a manter seu guarda-roupa trancado. – Na Inglaterra, ele percebe um constrangimento na forma em que cada classe se dirige à classe acima dela. – Na França, uma lavadeira fala com uma duquesa com tanta naturalidade quanto uma duquesa fala com uma lavadeira. – Na Holanda, os empregados domésticos têm aposentos arrumados tão meticulosamente quanto os de seus senhores. – Na Irlanda, eles dormem em cubículos no porão. – Em Nova York, eles são responsáveis por suas próprias acomodações. – Em Cuba, eles dormem, como cães, nos corredores das casas de família. Esses são alguns dos fatos com base nos quais o observador deve fazer suas inferências, ao invés de basear-se nas atitudes de algumas pessoas da classe que ele possa encontrar. Em suas conclusões baseadas nesses fatos, ele dificilmente se equivocará; mesmo que ele venha a conhecer um lacaio de índole verdadeiramente heroica em Dublin, um senhor em Cuba que respeita os seus próprios criados e um criado subserviente em Nova York.

Imitação da metrópole

Um ponto de relativa importância é se os habitantes provinciais dependem da administração e imitam os modos de vida da metrópole ou se eles têm seus princípios e costumes próprios. Onde há menos liberdade e menos anseio por ela, tudo é centralizado na metrópole. Onde há mais liberdade, toda "cidade, vila e aldeia" pensa e age por si mesma. Nos países com governos despóticos, o princípio da centralização comanda tudo. As ordens são emitidas pelas autoridades centrais e as mentes das províncias são poupadas de qualquer esforço de pensar por si mesmas. Quando o autogoverno é permitido a todo conjunto de cidadãos, eles são estimulados a aprimorar suas ideias e sua prática da liberdade e são quase independentes dos hábitos metropolitanos. O viajante verá que "Paris é a França", como todos já ouviram dizer, e que o governo da França é conduzido em meia dúzia de salas na capital, com pouca consideração aos milhares de pessoas não representadas que vivem a algumas centenas de quilômetros de distância – ao passo que, ao lançar um olhar rápido sobre a Noruega, ele poderá ver o povo nas margens dos fiordes, ou nos vales entre os pinhais, organizando-se tranquilamente para controlar a autoridade central, abolindo até mesmo a instituição da nobreza hereditária em oposição à vontade do rei; mas de forma legal, pacífica e com toda a simplicidade de uma independência determinada – fruto de uma ideia madura de liberdade. O observador deve analisar se as ambições e diversões dos habitantes da província têm origem nas circunstâncias locais ou se são cópias daquelas da metrópole; se a cidade grande é tratada com reverência, desprezo ou indiferença, ou se ela é simplesmente ignorada; se a sociedade persistiria caso a capital fosse engolida por um terremoto, como em um povoado pequeno da Pensilvânia; ou se, como na Prússia, a influência do poder central é tão vital para o povo quanto o próprio ar que eles respiram.

Jornais

Os jornais são uma evidência robusta das ideias políticas de um povo – não os jornais individuais, pois talvez não exista dois que concordem plenamente em princípios e sentimentos, e deve-se temer que nenhum deles seja honesto de fato. O viajante deve formar o seu julgamento não pelos jornais individuais, mas pela liberdade de discussão que ele observe ser permitida ou pelas restrições impostas ao debate. A ideia de liberdade deve ser rasa e débil entre um povo que permite ao governo exercer uma censura severa; e deve ser poderosa e efetiva em uma sociedade que pode expressar todas as suas queixas por meio de um jornal, ainda que os relatos dos jornais sobre o estado das questões sociais sejam deploráveis. Independentemente das críticas a um presidente tirânico ou a um congresso subserviente que um viajante possa encontrar nos jornais americanos, ele pode concluir que, de um modo geral, tanto um quanto o outro devem ser quase inofensivos se eles são debatidos em um jornal. A própria existência dos jornais a que ele tem acesso atesta a prevalência do hábito de leitura e, consequentemente, da educação – da ampla difusão do poder político – e da provável segurança e permanência de um governo fundado em bases tão amplas e que pode dar-se ao luxo de conceder tal liberdade. O que quer que lhe digam sobre o patriotismo de um soberano, ele deve desconsiderar caso encontre um espaço deixado em branco num jornal pela intervenção de um censor. A subserviência dos jornais austríacos conta uma história tão clara quanto se nenhum censor jamais tivesse suprimido uma sílaba; tão clara quanto o tamanho de um pequeno jornal de Nova Orleans em comparação com um de Nova York ou quanto o alarde mais feroz de um jornal diário ou semanal de Cincinnati, na véspera da eleição de um presidente.

Educação

Nos países onde exista uma educação gratuita, o viajante deverá observar a sua natureza e, especialmente, se os alunos são distinguidos por algum tipo de insígnia. A prática do uso de insígnias, a não ser por consentimento mútuo, costuma ser ruim: ela é sempre suspeita. O viajante deve observar se a educação gratuita é entregue ao legado da caridade (uma prática originada quando a doutrina da expiação era predominante e perpetuada até hoje por sua união com a caridade); ou se ela é determinada pela vontade do soberano, de modo que seus jovens súditos possam ser treinados para satisfazer seus próprios objetivos – como no caso do imperador da Rússia e de suas jovens vítimas polonesas; ou se ela surge da união de tal desejo com um objetivo mais esclarecido – como pode ser testemunhado na Prússia; ou, ainda, se ela é oferecida pelo povo soberano – por consentimento universal, como direito de todo indivíduo nascido na comunidade e qualificação necessária para o gozo de privilégios sociais – como nos Estados Unidos. Os meninos do Christ's Hospital, na Inglaterra, usam uniformes distintivos; os alunos das politécnicas de Napoleão usavam uniformes distintivos, assim como o fazem os órfãos sob a tutela do czar. Onde quer que exista a caridade intrometida ou ostensiva dos tempos antigos – tempos em que a ideia de liberdade era rasa e restrita – esse tipo de distinção deve ser observado; e também onde quer que ela seja necessária para os propósitos do potentado de manter um registro dos jovens que podem vir a tornar-se seus instrumentos ou seus inimigos – mas, onde a educação é absolutamente universal, onde qualquer cidadão tem o direito de colocar todas as crianças (que não recebam outra forma de educação) na escola de seu município, e onde a nova geração está destinada a cuidar de si mesma e a legislar de acordo com sua própria vontade, nenhuma forma de distinção será encontrada. Esse fato, aparentemente insignificante, merece a atenção do observador.

A extensão da educação popular é um fato da mais profunda importância. Sob regimes despóticos, ela será a mais restrita; e sua extensão será proporcional à ideia nacional da dignidade e importância do homem – à ideia de liberdade, em suma – tanto no que se refere ao número de pessoas que ela abrange quanto à ampliação de seus estudos. A universalidade da educação está inseparavelmente associada a uma ideia elevada de liberdade; e, até que a ideia se concretize em um sistema de educação nacional em constante expansão, poderá ser útil ao observador registrar e refletir sobre o fato de se, em uma fronteira, ele é rodeado por uma multidão de jovens indigentes queixosos ou se ele assiste a um desfile de estudantes da caridade – esses todos de chapéus azuis e meias amarelas, e aqueles com estolas brancas e aventais verdes; ou se ele participa de uma assembleia anual ou trimestral de professores, reunida para debater os melhores princípios e métodos de condução de uma educação que é, em si mesma, naturalizada.

Nos países onde existe alguma ideia de liberdade popular, as universidades são consideradas o seu bastião por serem os locais onde se encontram os jovens, ativos, esperançosos e aspirantes – os jovens que, em breve, serão cidadãos e que têm aqui o meio de comunicação diária de suas ideias juntos, durante muitos anos. Uma investigação interessante seria analisar quantas revoluções, bélicas ou pacíficas, tiveram origem em instituições de ensino; ou, ainda, quantas foram planejadas, mas as forças estabelecidas ou os costumes da sociedade se mostraram mais fortes. Se as universidades não são constituídas de modo a admitir esse estímulo aos princípios livres, elas certamente preservam as noções antigas segundo as quais foram instituídas e ficam na retaguarda da sociedade em termos de moral e costumes. Cabe ao viajante observar as características dessas instituições e analisar se elas são propensas a amparar ou a retardar o progresso da nação onde se encontram.

Há universidades em quase todos os países; mas elas são tão pouco semelhantes entre si quanto os costumes encontrados na Suíça e na Índia; e uma expressa tão claramente a moral e os costumes quanto a outra, o clima. Desnecessário salientar que os países que possuem apenas instituições de ensino aristocráticas, ou escolas desprovidas de um princípio elástico, devem estar em um estado de barbárie relativa porque, nesse caso, a aprendizagem (assim dita) deve se restringir a poucos, e provavelmente aos poucos que farão dela o menor uso prático. Onde as universidades seguem tal trajetória, preservando sua forma primária, elas podem admitir números crescentes, o estado do intelecto provavelmente será mais avançado. Mas um sintoma mais favorável é quando as instituições de ensino se multiplicam à medida que a sociedade se expande, modificam seus princípios à medida que se abrem novas áreas de conhecimento e surgem novas classes que desejam aprender. Esse país se encontra num estado de transição – de progresso – onde as antigas universidades são respeitadas por tudo o que podem oferecer, enquanto novas escolas surgem para suprir as suas deficiências e Institutos de Mecânica[66], ou outros estabelecimentos semelhantes, florescem lado a lado. Esse estado de coisas, essa variedade na busca do conhecimento, só pode existir onde

---

66. Estabelecimentos criados na primeira metade do século XIX, pelo Império Britânico, para o ensino profissionalizante de adultos trabalhadores [N.T.].

há liberdade de pensamento e, consequentemente, diversidade de opinião, expressando uma ideia vigorosa de liberdade.

O observador não deve, contudo, contentar-se em determinar a proporção dos meios de educação em relação às pessoas a serem educadas. Ele deve identificar os objetivos pelos quais busca-se o aprendizado. Os dois casos mais contrastantes que podem ser encontrados são, provavelmente, os da Alemanha e (mais uma vez) dos Estados Unidos. Nos Estados Unidos, é bem sabido, a oferta de educação universitária é tão ampla quanto a das escolas para os estágios anteriores; no entanto, ninguém finge que uma educação completa e de alto nível seja uma ambição naquele país. A razão é óbvia. Numa nação jovem, os grandes objetivos comuns da vida são iniciados mais cedo e todo processo preparatório é realizado de modo mais superficial. As instituições de ensino são numerosas e bem frequentadas, tanto na Alemanha como na América, e ambas testemunham um desejo generalizado por conhecimento. Aqui termina a semelhança. O estudante alemão pode, sem parecer estranho, permanecer dentro dos muros de sua universidade até que o tempo deixe seus cabelos grisalhos; ou inclusive passar dezoito anos entre seus livros, sem cruzar uma única vez o limiar de seu ambiente de estudo. Por sua vez, o jovem americano, satisfeito ao final de três anos por saber tanto quanto seus vizinhos, estabelece-se em uma casa, dedica-se à agricultura ou ao comércio e lança-se àquilo que ele considera ser o único sentido da vida. Cada um deles persegue seus objetivos próprios, cada um está certo à sua maneira; mas a diferença em sua busca revela uma diferença maior de sentimento entre os dois países do que a semelhança apontada, em ambos, pela abundância de meios de aprendizagem. Portanto, o observador deve identificar não apenas quais e quantas são as instituições de ensino, mas também quem as frequenta; se há muitos que já passaram da juventude e fazem do estudo o foco principal de suas vidas, ou se todos pertencem à classe que considera o estudo apenas uma parte da preparação que devem fazer para alcançar os objetivos mais comuns da vida. Dificilmente ele fará sua caminhada noturna nos arredores de uma universidade sem observar uma diferença tão significativa como essa.

A grande importância desse fato reside nisto, que o aumento do conhecimento é fundamental para a expansão segura da liberdade. A Alemanha, de fato, pode não demandar a educação de seus jovens para fins políticos porque a aprendizagem se tornou a preferência, a honra característica da nação; no entanto, infalivelmente, esse conhecimento irá promover, mais cedo ou mais tarde, a sua regeneração política. A América demanda conhecimento dos seus filhos porque a sua própria existência política depende das suas aptidões mentais. Provavelmente, os dois países se aproximarão gradualmente na direção de uma afinidade que, no momento, está fora de questão. À medida que a América se torne mais populosa, uma literatura se desenvolverá nela e o estudo assumirá o seu lugar entre os principais objetivos da vida. As grandes ideias a que se dedicam as melhores mentes da Alemanha devem transformar-se em ação; e tipos de conhecimento novos e imediatamente práticos se misturarão, de forma cada vez mais ampla, com aqueles aos quais ela se dedica há tempos. Os dois países podem assim entrar numa relação de afinidade sobre as questões imponentes do governo humano e do aprendizado humano, e a grande ideia de liberdade poderá tornar-se mais manifesta em um e mais disciplinada e aprimorada no outro.

Objetos e formas de repressão

Resta um grande tema de observação e reflexão – os objetos e a forma de repressão à opinião em cada país. A repressão à opinião sempre ocorre em um povo esclarecido o suficiente para ter qualquer tipo de opinião. Sempre há, nessas nações, alguns que vão mais longe em suas pesquisas do que outros e que, ao fazerem tal avanço, ultrapassam os limites da simpatia popular. A existência e os sofrimentos desses indivíduos não devem ser negados por não haver fogueiras, nem uma Inquisição organizada e autorizada, e pela excomunhão formal ter saído de moda. A repressão assume outras formas com o passar dos anos, mas não está extinta. Ela pode ser infligida fora do âmbito da lei, bem como por meio dela; por uma comunidade de vizinhos, assim como pelo Vaticano. Um homem sábio e honesto pode ser castigado por seus laços sociais e em suas relações domésticas de modo tão eficaz quanto por chamas, grilhões e ignomínia pública. Em todos os países civilizados existem pessoas sábias e boas que sofrem perseguição, de uma forma ou de outra, todos os dias.

É pela vanguarda na ciência? Ou por certas opiniões políticas? Ou por algum modo peculiar de crença na religião cristã, ou descrença nela? Ou por defender uma classe oprimida? Ou por perspectivas diferentes sobre a moral? Ou por inovações nas artes, que supostamente estorvam interesses há muito arraigados? Ou por reflexões filosóficas audaciosas? Em suma, quem sofre o castigo arbitrário e de que forma, em função de algum modo de pensar e de ação consciente? Um observador descartaria tudo o que lhe tivesse sido dito sobre o governo paternal de um príncipe, caso ele visse, no alto de uma montanha, uma fortaleza onde homens eram submetidos ao *carcere duro* por suas opiniões políticas. Da mesma forma, tudo o que uma nação lhe disser sobre o seu amor pela liberdade não valerá muito, caso ele veja os filhos de um homem virtuoso sendo tirados dele por sua crença religiosa incomum; ou cidadãos agredidos por defenderem os direitos dos negros; ou moralistas tratados com desprezo público por levarem os princípios aceitos até suas últimas consequências; ou estudiosos reprimidos por lançarem nova luz sobre o texto sagrado; ou filósofos denunciados por trazerem fatos novos à superfície do conhecimento humano, não importa se concordantes ou não com crenças há muito estabelecidas.

O tipo e o grau de repressão à opinião que são permitidos e praticados, em determinada época e lugar, apontarão ao observador a medida da imperfeição na ideia popular de liberdade. Trata-se de um tipo de fato fácil de averiguar e digno de toda atenção.

ents
Capítulo V
Progresso

Eis o sublime do homem –
O ápice de nossa grandeza, conhecermos a nós mesmos
Partes e proporções de um todo maravilhoso!
Isso fraterniza o homem, isso constitui
Nossa generosidade e conduta.
Coleridge

Rezemos então para o dia chegar
(Pois apesar de tudo chegará)
Em que o sentido e valor sobre toda a Terra
Apesar de tudo virão em primeiro lugar!
Apesar de tudo, e por isso tudo,
Apesar de tudo, ainda virá,
O dia em que o homem em todo mundo
Será irmão do homem apesar de tudo.
Burns[67]

Por mais que os homens possam diferir quanto ao caminho para a perfeição social, todos aqueles cujas mentes se voltaram nessa direção concordam quanto ao fim. Todos concordam que, se toda a raça humana vivesse em irmandade, a sociedade se encontraria no estado mais avançado que se pode imaginar. Concorda-se também que o

---

67. Tradução de Luiza Lobo, em *Robert Burns: 50 poemas* (Rio de Janeiro: Relume-Dumará, 1994) [N.T.].

espírito de fraternidade só pode ser alcançado por homens que entendam a sua relação mútua como "partes e proporções de um todo maravilhoso". As disputas que surgem são acerca de como essas proporções devem ser organizadas e de quais devem ser as qualificações em função das quais alguns terão ascendência sobre outros.

Esse conjunto de questões ainda não está resolvido no que se refere aos habitantes de nenhum país. As nações mais avançadas enfrentam agora uma situação de conflito interno. Quanto à ideia mais ampla – a de que as nações, assim como os indivíduos, são "partes e proporções de um todo maravilhoso" –, essa ainda não passou pelos lábios ou pela pena de ninguém além de homens religiosos e poetas. Chegará o seu tempo quando os homens tiverem feito maiores progressos e estejam mais seguros quanto aos arranjos internos das nações. Enquanto existirem, em todos os países do mundo, multidões que não são capazes, por nenhum esforço próprio, de libertar-se da miséria e libertar seus filhos da ignorância, haverá ainda muita justiça e caridade a ser feita em casa. Enquanto isso – enquanto os ingleses se empenham em educar as classes indigentes da sua sociedade, os franceses especulam elevar a condição da mulher e abrir oportunidades a todos os seres racionais, os alemães anseiam livrar-se do despotismo dos governantes absolutos e os americanos lutam para libertar os negros – o sentimento fraterno seguirá crescendo, em preparação para resultados ainda mais elevados. Ao ser posto em prática no âmbito doméstico, o princípio ganhará força para ser exercitado de forma mais ampla; e, à medida que toda sociedade seja como um grupo de irmãos, mais poderosa haverá de ser sua solidariedade em relação a outros grupos semelhantes.

Por mais distante que esteja a concretização de tal perspectiva, ela é uma perspectiva. Há muito tempo, poetas e filósofos alimentam a ideia de um espírito comum de fraternidade entre os homens. Esse é o grande princípio da maior religião a alimentar a moral da humanidade. A esperança mais elevada com a qual vivem os pensadores mais sábios. Os poetas são os profetas e os filósofos são os observadores do destino dos homens; e a religião é a promessa e a garantia de poderes invisíveis para aqueles que acreditam neles. Isso não pode ser indigno de atenção, de esperança, de expectativa, no qual se apoiaram os poetas e os observadores da raça humana, e sobre o qual se baseia a melhor religião do mundo (e aquela que abrange todas as outras). Aquilo que, com todo o seu esplendor, nunca foi considerado absurdo pelos mais sábios da raça humana, começa a ser concretizado. Agora temos mais evidências para alimentar nossa esperança do que, antes, era suficiente para as mentes mais elevadas. O espírito fraterno começou a se manifestar por sua prática na sociedade. Os desamparados são agora assistidos expressamente em razão do seu desamparo – não das emoções de compaixão despertadas pelo espetáculo do sofrimento em casos específicos, mas de uma forma mais nobre e abstrata. Classes, multidões, nações de infelizes são assistidas e protegidas por estranhos poderosos de vida tranquila, que nunca sequer viram um dentre os milhares de desafortunados e que têm tão somente um interesse espiritual no bem-estar deles. Desde que as missões em países bárbaros, a luta abolicionista e a atenção aos cegos, surdos, mudos e indigentes se tornaram tarefas da sociedade, a fraternidade dos homens deixou de ser uma mera aspiração, profecia ou promessa. Não são apenas os guardiões mais elevados do mundo anunciando que o dia chegará – ele chegou; e há todos os motivos para crer que a luz alcançará seu apogeu.

Há de ser estranhamente incauto o viajante que, ao observar a moral de um povo, se esquece de registrar as manifestações desse princípio – de desvendar qual é a sua força atual e qual a promessa de seu crescimento. Ao focar a sua observação nisso, ele talvez aprenda o que de outra forma não seria possível: se o país que ele estuda está avançando em sabedoria e felicidade, se está estagnado ou se está retrocedendo. As perspectivas de seu progresso dependem inteiramente disso. – A tarefa de apontar quais são os sinais de progresso que ele deve estudar será breve.

Condições do progresso

O fato de a nação ser insular ou continental, independente ou colonial, carrega grande importância. Embora, aparentemente, o mar tenha se tornado uma grande via, tão fácil de atravessar quanto a terra, isso ainda não é verdade. Mesmo no caso da Grã-Bretanha – a mais acessível das ilhas e de acesso mais convidativo – que, antes da última série de guerras, recebeu um número bem menor de estrangeiros do que se suporia caso eles tivessem que atravessar apenas fronteiras terrestres. Durante as guerras ela foi praticamente excluída da sociedade continental. O progresso de seu povo em liberalidade e humanidade, desde que a comunicação foi facilitada, é tão impressionante que é impossível deixar de pensar que a ampliação do intercâmbio intelectual seja uma das principais causas desse avanço. Provavelmente, o progresso da nação teria sido ainda maior se o antigo estado geológico de junção com o continente tivesse sido restaurado nos últimos vinte anos. A Grã-Bretanha seria, então, um centro de afluência quase tão importante quanto a França, posição da qual a França tem se beneficiado tanto que os franceses são considerados, hoje, a nação mais culta e moralmente progressista do mundo. Sem dúvida, muito do vigor e do desenvolvimento da França se deve a outras causas; mas muito se deve também ao seu intercâmbio ágil e extenso com as mentes de muitas nações. A condição dos habitantes de outras ilhas será provavelmente menos favorável ao desenvolvimento do que a dos britânicos, na medida em que eles têm menos interações. Provavelmente, o seu sentimento de autossuficiência, de antipatia pelos estrangeiros e de reserva em relação a eles seja ainda maior do que o dos ingleses. De um modo geral, a comparação entre os habitantes insulares e os de países continentais é semelhante àquela entre aldeões e citadinos: eles têm boas qualidades próprias, mas estão atrasados em relação ao mundo. Malta não tem as mesmas oportunidades que teria se fosse possível anexá-la ao sul da França; nem as ilhas das Índias Ocidentais se desenvolverão tanto quanto se pudéssemos juntá-las todas em uma só e atravessar sua totalidade com estradas que conectassem às grandes cidades europeias e americanas.

Malta e as ilhas das Índias Ocidentais têm, no entanto, a desvantagem adicional de serem colônias. O progresso moral de um povo dificilmente começará antes de ele ser independente. A sua moral é dominada pela metrópole – pelo governo e pela legislação que ela impõe, pelos governantes que ela envia, pela natureza das vantagens que ela oferece e dos impostos que ela cobra, pela população que ela importa de casa e pelo seu próprio exemplo. Da mesma maneira, as colônias de um país poderoso exibem um exagero dos vícios nacionais e apenas virtudes próprias infantis que aguardam liberdade para que amadureçam, e raramente há nelas um sentimento de solidariedade ampliada para com a raça. Trata-se de um temperamento incompatível com uma sociedade confinada, dependente e imitativa; e, geralmente, os primeiros sintomas fortes dele são encontrados nas pessoas cuja missão é liderar a colônia à sua maturidade e independência.

Essas são condições de um povo que podem guiar as observações do viajante ao mostrar-lhe o que esperar. Lembrando-se dessas condições, ele poderá identificar a maior ou menor amplitude e generosidade do espírito da sociedade, e derivará delas o fato ou a promessa do progresso, ou se ainda é demasiado cedo para ambos.

Há outra condição importante que dificilmente pode passar-lhe desapercebida: se o povo é homogêneo ou composto de várias raças. Os habitantes da Nova Inglaterra são um exemplar notável do primeiro caso, assim como os habitantes dos estados do interior da América pertencerão ao segundo daqui a duas ou três gerações. Quase todas as nações da Europa são mestiças; e aquelas que conseguem traçar a sua descendência da maior variedade de antepassados têm a melhor chance de progresso, mantidas as outras circunstâncias. Em um povo homogêneo florescem as virtudes ancestrais; mas elas carregam consigo os vícios ancestrais como sua sombra; e existe a possibilidade de um novo vício ser acrescentado – a resistência ao espírito do progresso. Se a probabilidade de rigidez das virtudes antigas é menor no caso de um povo mestiço, há uma vantagem compensatória na maior diversidade de interesses, no aumento da solidariedade e no vigor da iniciativa introduzidos pela união estreita dos descendentes de diferentes raças. O povo da Nova Inglaterra, assim como um descendente dos peregrinos, tem o princípio e o sentimento religioso forte, a retidão, o apego doméstico e a prudência mundana de princípios dos seus ancestrais, com muito de seu ascetismo (e, necessariamente, a consequente hipocrisia) e intolerância. Os seus vizinhos nos estados do interior são formados por contribuições de todos os países do mundo civilizado e não possuem, ainda, qualquer caráter distintivo; no entanto, é provável que um caráter muito valioso se forme, no decurso do tempo, a partir de elementos como a alegria cordial dos fidalgos cavaleiros, a diligência paciente dos alemães e holandeses, a vivacidade dos franceses, a sobriedade dos escoceses, a iniciativa dos irlandeses e a predileção doméstica dos suíços – todos eles, com suas respectivas desvantagens, irão compor o futuro caráter americano. O maior orgulho dos habitantes da Nova Inglaterra é sua linhagem pura – um orgulho virtuoso, mas não o mais favorável a um progresso que há de tornar obsoletas algumas das qualidades às quais eles são mais apegados. Os componentes europeus da outra população nutrem alguns dos preconceitos feudais e o orgulho territorial que trouxeram consigo, e essa é a sua desvantagem peculiar – mas, aparentemente, a liberalidade ampliada de que gozam, pelo fato de estarem misturados, mais do que compensa o espírito religioso da Nova Inglaterra ao abrir o coração e a mente geral aos interesses da raça humana como um todo.

O progresso dos estados do interior é propenso a ser mais rápido do que o da Nova Inglaterra, embora os habitantes dos estados do Norte tenham, até este momento, assumido e mantido a liderança.

O viajante deve seguir esse curso de observação aonde quer que ele vá. Uma vez que ele tenha identificado as condições que influenciam a formação do caráter nacional – se o país é insular ou continental, colonial ou independente, e se ele descende de uma raça ou de mais de uma – ele procederá à observação dos fatos que indicam o progresso ou o oposto.

Caridade

O mais óbvio desses fatos é a natureza da caridade. A caridade está em toda parte. O coração humano é sempre sensível, sempre tocado pelo sofrimento visível, de uma forma ou de outra. A forma que essa caridade assume é a grande questão.

Em países jovens e rudes, uma caridade generosa permeia o país. Todo aquele que bate em uma casa pedindo por algo tem a sua necessidade imediata atendida. O árabe compartilha sua refeição com o faminto que aparece na entrada de sua tenda. O negro oferece arroz e leite ao viajante desmaiado sob a palmeira. Os pobres são alimentados nas portas dos conventos de manhã e à noite, onde há conventos. Na Irlanda é uma prática comum mendigar como forma de ganhar a vida – um testemunho claro da prática da caridade por lá. Em todas as sociedades os pobres ajudam os mais pobres; a classe desfavorecida ajuda os miseráveis. A existência da caridade pode ser dada como certa. A investigação se refere à sua orientação.

A ordem mais baixa de caridade é aquela que se satisfaz em aliviar a pressão imediata do sofrimento em casos individuais. Um nível mais elevado é aquele que cria dispositivos em larga escala para o alívio de tal sofrimento, por exemplo, quando uma nação passa da doação comum de esmolas para uma provisão geral para os necessitados. Uma ordem ainda mais elevada é quando tal provisão é feita na forma de antecipação ou com objetivos distantes; por exemplo, quando se empreende a civilização dos selvagens, a libertação dos escravos, o tratamento dos loucos ou a educação dos cegos e surdos-mudos. A maior caridade de todas é aquela que visa a prevenção em vez do alívio do mal. Quando um número considerável de membros de uma sociedade está engajado nesse trabalho, o espírito de fraternidade está ativo ali e vê-se o progresso da sociedade. Em tal comunidade entende-se que, embora seja bom aliviar os famintos, é melhor assegurar-se de que todos os que trabalham possam comer, por uma questão de direito; que, embora seja bom proporcionar auxílio e reabilitação aos culpados, é melhor prevenir a culpa;

embora seja bom ensinar os ignorantes com quem cruzamos pelo caminho, é melhor fornecer os meios de conhecimento, assim como de subsistência, para todos. Em suma, a prevenção da miséria, do crime e da ignorância constitui uma caridade mais nobre do que a ajuda a indivíduos que nunca deveriam ter se tornado miseráveis, criminosos e ignorantes.

Essa guerra contra os males em si, em preferência a, mas também acompanhada do auxílio às vítimas, já começou em muitos países; e aqueles mais dedicados à tarefa devem ser considerados os mais avançados e com maior probabilidade de avançar. O observador deve analisar o estado dessa questão em todos os lugares. Em um país, ele verá os pobres serem alimentados e vestidos pela caridade, sem que haja qualquer esforço para aliviá-los da pressão que os afunda na miséria. O espírito de fraternidade não existe aí; e essa caridade não carrega nenhum espírito de esperança e de progresso. Em outro país, ele verá os homens livres insistirem no direito dos desamparados à assistência e trabalharem para instituí-la por lei ou costume. Trata-se de um grande passo na medida em que os interesses dos desfavorecidos são abraçados pelos poderosos – um movimento que há de ter algo do espírito fraterno como motivação. Em um terceiro país, ele ouve falar de sociedades de disciplina prisional[68], sociedades missionárias, sociedades de temperança[69] e sociedades a favor da abolição da escravatura.

---

68. No original, "*prison discipline societies*", em referência aos movimentos associados à reforma prisional e melhoria das condições nas prisões públicas, em meados do século XIX. Durante sua existência (1826-1854), a Prison Discipline Society, no singular, foi responsável pela construção de prisões em diversos estados americanos, com base na premissa de condições dignas, disciplina rigorosa e trabalho produtivo [N.T.].

69. Movimento surgido no início do século XIX, que pregava a moderação e, em suas versões mais radicais, a abstinência e a proibição do consumo de bebidas alcoólicas [N.T.].

Isso é ainda melhor. Trata-se de uma visão ampla – tão ampla que o espírito de caridade age como se enxergasse o invisível – o pagão que teme pelo tabu, o negro ultrajado em seus sentimentos mais nobres e o criminoso escondido no isolamento abjeto da prisão comum. Trata-se também de um exercício de percepção profunda, na medida em que todos esses métodos de caridade visam prevenir as desgraças das futuras gerações de pagãos, de escravos, bêbados e criminosos, bem como suavizar a sina dos vivos. Se, numa quarta sociedade, o observador descobrir que a caridade se tornou amplamente difundida e aprofundada, e que os benevolentes estão a arrancar as raízes da indigência e do crime, ele poderá considerar essa sociedade acima de todas as outras no que se refere ao esplendor de suas perspectivas. Esse movimento só pode brotar do espírito de fraternidade – que seus defensores sintam que lhes diz respeito o fato de alguém viver em perigo e na miséria, como eles próprios se recusariam a estar. A elevação das classes desfavorecidas nessa sociedade e o consequente progresso do todo podem ser dados como certos; pois "a mãe esquecerá o filho que amamenta mais rápido" do que os amigos de sua raça abandonarão aqueles de quem cuidaram e para quem se dedicaram com amor e trabalho desinteressados. Os criminosos nunca serão jogados de volta ao seu antigo estado na América, nem as mulheres na França, nem os negros nas colônias da Inglaterra. O espírito de justiça (que, em última análise, é indissociável da caridade) avança conquistando terreno, mas ainda há muito a conquistar.

Ao examinar as perspectivas dos desafortunados em uma sociedade, o observador compreenderá as perspectivas da própria sociedade.

Artes e invenções

Nos dias de hoje, as artes e invenções úteis difundem-se tão rapidamente, dado o avanço da comunicação, que elas já não constituem as marcas decisivas do esclarecimento de um povo, como eram quando cada nação usufruía apenas de suas próprias descobertas e pouco mais que isso. Contudo, vale observar que tipos de aprimoramento são mais amplamente adotados; aqueles que aumentam o luxo dos ricos ou os que beneficiam toda a sociedade. Cabe observar se o mais novo deleite se encontra nos clubes esplêndidos, onde os cavalheiros podem acessar os luxos mais raros por um custo menor do que seria possível sem a ajuda do princípio da economia de associação, ou nas residências dos grupos de trabalhadores, onde o mesmo princípio é aplicado na França para proporcionar a muitas pessoas os benefícios de aquecimento, luz, cozinha e limpeza que, de outra forma, eles não conseguiriam acessar. Cabe observar se a maioria das invenções mecânicas se dedica ao egoísmo dos ricos ou se está comprometida com os costumes das classes trabalhadoras. Se os ricos constituem o grande grupo de compradores a ser considerado pelos inventores, as classes trabalhadoras são, provavelmente, desfavorecidas. Se há um maior número de compradores entre as classes mais numerosas, a classe trabalhadora está em ascensão e a situação é esperançosa. – Como se difundem as grandes descobertas e realizações que não podem, de forma alguma, ser limitadas a poucos? Como prosperam a máquina a vapor, a ferrovia – forças que não podem ser contidas e pelas quais uma infinidade de confortos da vida é estendida aos pobres, confortos que antes eles não podiam alcançar? Os homens se orgulham mais delas ou da invenção de um novo prazer para os abastados?

Nas artes plásticas, a quem se dirige sua produção? Em todos os países antigos, o estudo das ruínas revela ao antiquário apenas a vida dos ricos. Há igrejas que registram a devoção em vida ou a penitência final dos ricos; priorados e conventos que revelam a ociosidade monástica e os luxos grosseiros disfarçados de ascetismo; há palácios de reis, castelos de nobres e vilas de plebeus opulentos; mas, em nenhum lugar, exceto em países recentemente devastados pela guerra, as ruínas das casas dos pobres são objeto de estudo do viajante. Se o viajante agora vê técnicas aprimoradas na construção dos edifícios dedicados exclusivamente às classes trabalhadoras, e refinamento estético em seu embelezamento, fica claro que a classe está em ascensão. O registro de cada movimento ascendente permanecerá, para a observação do futuro viajante, nos edifícios que eles habitam – um registro tão inegável quanto a fenda de uma montanha para o geólogo.

Foi-se o tempo em que as residências dos ricos eram ornamentadas com obras de arte belas e caras, enquanto o camponês e o artesão não encontravam outra beleza para repousar os olhos, senão o rosto de sua amada e as figuras de seus filhos. Hoje em dia, há países na Europa onde a única aspiração do trabalhador é afixar uma imagem da Virgem, brilhante e em papel colorido, num canto da sua casa. No entanto, em outros países, um gosto mais elevado pela beleza é cultivado. Existem gravuras boas e baratas para pendurar no lugar do antigo bordado ou imagem tosca. Réplicas de todas as estátuas mais sofisticadas, antigas e modernas, são vendidas nas ruas e podem ser vistas nas vitrines onde, antes, papagaios verdes e gatos marrons de gesso costumavam ferir os olhos. Nas sociedades onde a classe trabalhadora tem essa motivação – a satisfação dos seus gostos mais requintados – a classe deve estar em ascensão. Ela ascende ao território do requinte intelectual e, certamente, foi conduzida até lá pela expansão do espírito fraterno.

Multiplicidade de objetos

O grande meio de progresso para os indivíduos, para as nações e para a raça humana em geral, é a multiplicação dos objetos de interesse. A indulgência com as paixões é característica de homens e sociedades que têm apenas uma ocupação e um único interesse; ao passo que as paixões causam, comparativamente, poucos problemas onde o intelecto é ativo e a vida diversificada com objetos. O orgulho toma um rumo seguro, o ciúme é desviado de seus propósitos de vingança e a raiva confronta as circunstâncias em vez de inimigos humanos. A necessidade de ajuda mútua – o hábito de cooperação motivado pelo interesse em objetivos sociais – tem um efeito positivo sobre os sentimentos e os costumes dos homens, uns para com os outros; e daí floresce o respeito mútuo que, naturalmente, se consolida em um espírito fraterno. O camponês russo, aprisionado em sua servidão, é incapaz de compreender o que significa cuidar de alguém, senão os poucos indivíduos diante de seus olhos, e o Grande Lama provavelmente não nutre grande empatia em relação à raça humana; mas, numa cidade em cuja área de influência quase todas as ocupações avançam e onde todos sentem maior ou menor interesse pelo que concerne ao seu vizinho, nenhum fato importante para a raça humana pode tornar-se conhecido sem gerar mais ou menos comoção. A fome na Índia, um terremoto na Síria, causam tristeza. Os habitantes se reúnem para protestar contra os males infligidos a pessoas que nunca viram e doam os frutos do seu trabalho a desafortunados que nunca ouviram falar deles e de quem não podem esperar nenhum reconhecimento. Vê-se que, quanto mais se multiplicam as atividades e os objetivos, mais se expande a valorização da felicidade humana, até ela se tornar o interesse que predomina sobre todo o resto. Esse é um interesse que gera sua própria recompensa, de forma mais garantida do que qualquer outro. Assim, onde quer que haja a maior diversidade de atividades, é justo concluir que o espírito fraterno da sociedade é o mais vigoroso e a sociedade, em si, é a mais progressista.

Esse é o maior avanço que qualquer nação já alcançou – uma solidariedade mais calorosa entre seus próprios membros e compaixão pelos desafortunados de lugares distantes. Quando as nações forem capazes de se importar umas com as outras e de cooperar entre si como os indivíduos, esse povo será o primeiro a estender a mão ao próximo.

Os costumes não foram tratados separadamente da moral em nenhuma das divisões anteriores dos objetos de observação do viajante. A razão é que os costumes são inseparáveis da moral ou, pelo menos, eles deixam de ter significado quando isolados. Exceto enquanto manifestações da moral, eles são destituídos de interesse e sua existência seria efêmera. Um viajante que se dedique exclusivamente aos costumes não apenas não é um filósofo, como também não merece o nome de observador, na medida em que ele não tem nenhuma perspectiva clara do assunto que afirma descrever. Muito provavelmente, a sua interpretação daquilo que está diante de seus olhos estará mais equivocada do que correta, assim como a dos observadores primitivos das estrelas, que afirmavam que os planetas se moviam para trás e para frente no céu. Para o viajante que conhece os princípios da moral e, portanto, possuiu uma chave para os mistérios de todo bem-estar e sofrimento social – e apenas para ele – os costumes serão um indicador que expressa tão fielmente os movimentos internos, harmoniosos ou discordantes, da sociedade quanto o semblante humano traduz o funcionamento do coração humano.

Capítulo VI
Discurso

Aquele que questiona muito, aprenderá
muito e se contentará muito;
especialmente se adaptar
as suas questões aos conhecimentos
daqueles a quem pergunta, pois assim
lhes dará ocasião de se comprazerem
ao falar, e ele próprio continuará a
ganhar conhecimentos.
Bacon

O discurso dos indivíduos é um relato indispensável sobre as classes de fatos nacionais que o viajante observa. Como já foi dito, iniciar o trabalho de observação pelo registro desse discurso privado é inútil, dada a diversidade existente nas mentes dos homens e a estreiteza da visão mental de um indivíduo em meio a uma multidão. Os testemunhos de dois homens jamais coincidiriam; e, caso o viajante dependesse deles para obter seus fatos gerais, ele jamais seria capaz de fornecer um registro confiável. Mas, uma vez obtidos os fatos por meio de evidências mais robustas do que o testemunho individual – e identificados certos pontos fixos em torno dos quais os testemunhos podem se agrupar –, o discurso dos indivíduos assume seu valor apropriado e se torna ilustrativo, quando antes ele seria apenas desconcertante. O viajante deve extrair dele tudo o que puder. Ele deve buscar interagir com todas as classes da sociedade que visita – não apenas os ricos e os pobres, mas também aqueles que podem ser categorizados por sua profissão, ambição, hábitos mentais e comportamento. Ele deve conversar com homens e mulheres jovens, velhos e crianças, mendigos e sábios, postilhões e potentados. Ele deve observar as crianças no colo das mães, os flertes nos salões de baile e as negociações no mercado. Ele deve escutar a alegria dos foliões e a tristeza dos enlutados. Onde quer que haja discurso, ele deve se dedicar a ouvi-lo.

Por um lado, o discurso serve como um comentário sobre as coisas que o viajante observa pela manifestação de certos traços gerais particulares, condizentes com os fatos gerais que ele registra. Em quase todas as nações, o diálogo tem características próprias, assim como em sociedades menores. O estilo de discurso em uma aldeia inglesa é diferente do de uma cidade populosa; e as pessoas de uma cidade que não é um lugar de passagem falam de maneira diferente dos habitantes de uma que o é. Da mesma forma, o discurso geral de um povo inteiro varia. Em um país, dá-se menos atenção à veracidade nos detalhes e à precisão circunstancial do que em outro. O discurso de uma nação é mais sincero; o de outra, mais gentil. Uma se expressa em prosa; outra é leve e lúdica. Uma é aberta; a outra, reservada. Uma enaltece o estrangeiro; outra é indiferente a ele. Em uma, o discurso visa produzir um certo efeito sobre ele; em outra o discurso flui espontaneamente, ou é reprimido, de acordo com o humor aparente do próprio viajante. Essas características do discurso geral podem ser consideradas uma confirmação de premissas extraídas de outros fatos. Elas podem ser consideradas como evidência de que as respectivas sociedades são católicas ou puritanas em espírito; rústicas ou desenvolvidas; livres e simples, ou contidas e cautelosas; autossuficientes ou carentes de respeito próprio. O observador deve ter muito cuidado para não fazer generalizações precipitadas com base no discurso que lhe é dirigido; mas há, por toda parte, grandes conclusões que ele não pode deixar de tirar. Não importa a variedade de indivíduos com quem converse, é pouco provável que ele conheça, na Espanha, alguém que proseie como os americanos; ou que ele encontre, na Alemanha, muitas pessoas que o tratem com as brincadeiras leves dos franceses. As tendências gerais de toda sociedade, identificadas por ele através do estudo das coisas, ele também verá evidenciadas no caráter geral de seu discurso.

Por outro lado, o discurso também serve como um comentário ao revelar o que mais interessa às pessoas. Se o observador viajar com a mente livre e o coração aberto – não carregado de suas noções e seus sentimentos próprios, mas preparado para conformar-se aos das pessoas que ele visita –, se ele se comprometer com sua empatia e unir-se àqueles que estão à sua volta, ele rapidamente descobrirá e entenderá o que mais lhes interessa.

Um conservador inglês na América será mais ludibriado do que esclarecido pelo que lhe é dito, assim como um republicano fanático na Inglaterra. Um puritano quaker não entenderá os franceses com seis meses de conversas com parisienses, assim como um janota qualquer não se sentiria em casa em Jena ou Heidelberg. Contudo, um viajante livre de preconceitos e de egoísmos grosseiros dificilmente passará muitos dias em uma sociedade nova sem descobrir quais são os seus principais interesses. Os selvagens contariam a ele sobre a figura de proa da sua canoa; outros abordariam, a seu devido tempo, seu próprio leque de tópicos, até ouvir os alemães exporem as suas opiniões filosóficas; os franceses, o seu zelo pelo aperfeiçoamento da sociedade; os americanos, as suas aspirações patrióticas; e os suíços, o seu sentimento doméstico. Não importam as restrições impostas ao discurso pelos governantes, ou as sanções impostas a determinados tipos de comunicação, todas são inúteis em face da empatia. Ao seu toque, a abundância do coração brotará pelos lábios. Os homens não conseguem deixar de falar sobre aquilo que mais lhes interessa com aqueles que mais demonstram interesse. Essa é uma lei da natureza que anula as leis dos déspotas. O poder de um governante pode servir para manter um observador do seu lado da fronteira; mas, uma vez que ele a cruze, será por sua própria culpa caso não se familiarize com o sentimento predominante dos habitantes, mesmo em meio ao silêncio público mais mortal, como se ele tivesse sido berrado aos quatro ventos. Se ele tiver uma mente simples e um coração aberto, não há mina na Sibéria tão profunda que a voz de protesto não ecoe até ele, e nenhum lar tão vigiado por padres que ele não saiba o que é omitido ao confessor. Se tais confidências fossem seu único meio de conhecimento, as suas afinidades apenas o confundiriam; mas, ao corroborar o conhecimento geral que ele aprendeu em outros lugares, elas se tornam uma evidência inquestionável daquilo que mais interessa às pessoas.

Ele deve ter em mente que há alguns interesses universais que prevalecem em todos os lugares e que é sua modificação pelas influências locais que ele deve observar, assim como o que os sucede. Por exemplo, os interesses domésticos são os interesses primordiais de todos os seres humanos. Por exemplo, quando o pai da Nova Inglaterra manda os seus filhos homens para o Ocidente, quando a mãe hindu abandona suas crianças para buscar o espírito do marido jogando-se na fogueira, quando o pai espanhol envia sua filha caçula para o convento, assim como quando o camponês norueguês amplia o seu telhado para acolher as sucessivas famílias dos seus descendentes. Cabe ao viajante confiar nas palavras e expressões de amor parental que lhe chegam aos seus ouvidos em cada lar de cada país; e identificar como esse interesse primordial e universal se transforma, de modo a gerar tal sacrifício dele próprio. Tomando o afeto como um dado – o que o discurso privado de pais e filhos o impele a fazer – quanta luz ele vê lançada sobre a influência dos padres em um lugar e o orgulho do território, em outro; sobre a superstição que constitui a fraqueza de um povo e a ambição social em meio à pobreza que representa a maldição de outro!

Ele também deve descobrir, a partir da conversa com as pessoas que ele visita, qual é o interesse particular delas, observando o que sucede àqueles interesses universais. Em um país, os pais amam primeiro as suas famílias e depois a riqueza; em outro, suas famílias primeiro e a glória em seguida; num terceiro, a família em primeiro lugar e a liberdade em segundo; e assim por diante, abrangendo toda a gama de objetos do desejo humano. Uma vez identificado o padrão, ele achará fácil tirar conclusões sem muito risco de errar.

A razão principal pela qual o discurso dos indivíduos, isolado da observação das classes de fatos, é quase totalmente enganoso no que se refere à moral reside no fato de que o viajante não pode observar mais do que uma em 50 mil pessoas e não tem a garantia de que aqueles que ele conhece constituem uma amostra do todo. Essa dificuldade não interfere com uma vantagem muito importante que ele pode obter do diálogo: conhecimento e luz sobre questões específicas. Um estrangeiro pode querer aprender sobre a situação do cristianismo na Inglaterra. Se ele viesse a Londres e começasse a conversar com as pessoas, poderia conhecer um homem da Igreja da Inglaterra em um dia, um católico no outro, um presbiteriano no terceiro, um quaker no quarto, um metodista no quinto, e assim por diante, até o resultado ser pura perplexidade. Mas se ele conversasse com pessoas inteligentes, descobriria que há questões pendentes em relação à Igreja e à dissidência – envolvendo os próprios princípios da administração da religião. As opiniões que ele ouve a respeito dessas questões podem ser tão diversas quanto as pessoas com quem conversa. Ele pode não aprender o verdadeiro caráter dos estadistas e líderes religiosos envolvidos em sua administração, mas ele obtém algo mais valioso. Ilumina-se o estado de coisas em função do qual essas questões podem ter surgido. Nos jornais de circulação gratuita, ele pode ter descoberto a natureza da controvérsia, mas nas relações sociais lhe é revelado muito mais. Ele observa o conjunto de opiniões reunidas em cada lado, ou em todos os lados da questão; e recebe um número infinito de sugestões e ilustrações que ele jamais teria acesso, a não ser pelo conflito de intelectos e pela diversidade de pontos de vista e de declarações que lhe é apresentada no discurso. Em cada país, o viajante deve, portanto, estar aberto à discussão das questões nas quais os habitantes estão interessados, tomando muito cuidado de ouvir as declarações de todas as partes. Dada a conexão estreita entre determinadas formas de opinião e todas as grandes questões, ele obterá luz sobre a condição geral da opinião a partir de sua manifestação em um caso particular. Novos temas de pesquisa estarão ao seu alcance; novos caminhos de investigação serão abertos; novas correntes de ideias serão despertadas e outras mentes se comunicarão com a sua. Se ele tiver a boa sorte de conversar com as lideranças de ambos os lados das grandes questões – com os homens que se esforçam para coletar todos os fatos do caso e atuar com base neles – seu proveito é inestimável. Provavelmente, não há um grande tema de controvérsia nacional que, uma vez aberto a ele, não lhe proporcione um vislumbre de todas as outras questões gerais do momento; e, toda vez que sua mente identifica uma oposição definida na opinião popular, ele avança uma etapa em sua peregrinação investigativa sobre as tendências da mente de uma nação. Ele deverá estar, portanto, ávido para conversar aberta e livremente sobre os temas predominantes com todos aqueles que encontrar, deixando a eles a tarefa de abrirem suas mentes à maneira deles e apenas atento à sua própria – de modo que ele preserve sua imparcialidade e não cometa injustiças em relação às questões ou pessoas em função de preconceitos seus.

Ao organizar seus planos para conversar com todos os tipos de pessoas, o observador não pode deixar de cultivar relações, especialmente, com pessoas que têm uma perspectiva mais ampla da sociedade. O valor do seu testemunho a respeito de questões específicas vai depender muito de seu espírito e caráter; mas, dado o próprio fato de interagirem com uma grande parcela da sociedade, é inevitável que eles proporcionem a um estrangeiro muitas noções que ele não obteria por nenhum outro meio. O diálogo com os advogados em um país livre, com médicos, com comerciantes e produtores envolvidos em atividades essenciais, com donos de estalagens e barbeiros de todos os lugares, deve proporcionar muitos elementos que ele não seria capaz de coletar por si mesmo. Todos os dias, as mentes de uma grande variedade de pessoas influenciam os pensamentos desses personagens e os fatos de uma grande variedade de vidas influenciam as suas experiências; e, sejam eles mais ou menos sábios no uso de suas oportunidades, eles certamente serão diferentes do que seriam se vivessem em isolamento. Se o estrangeiro ouvir o que eles estão mais dispostos a dizer, ele poderá aprender muito sobre os modos populares de pensar e de sentir, sobre os modos de viver, agir e interagir, que confirmarão e ilustrarão as impressões e ideias que ele obteve anteriormente de outras fontes.

O resultado de tudo o que ele ouvir será para o viajante, provavelmente, do mesmo tipo que a jornada da vida proporciona ao mais sábio de seus peregrinos. À medida que prossegue, ele aprenderá a condenar menos e a admirar, não menos, mas de forma diferente. Ele não encontrará nenhum intelecto infalível, nenhum julgamento livre de preconceitos e, portanto, nenhum sentimento sem seus vieses; mas, por outro lado, ele não encontrará nenhum erro que não se desdobre em alguma verdade, nenhuma ira que não contenha alguma razão, nada de errado que não seja a perversão de algo correto, nenhuma maldade que não seja fraqueza. Se ele é impelido a renunciar à adoração dos indivíduos, ao culto ao homem que constitui a religião da juventude, ele abdica, ao mesmo tempo, do espírito de indiferença que também é característico dos jovens. Para uma mente sã é impossível interagir abertamente com os homens, em circunstâncias diversas, e desprezar por completo sociedades ou indivíduos; tão magnífico é o intelecto dos homens em união, tão universais são seus sentimentos mais íntimos. Ele deve negar, a si mesmo, uma fé implícita no intelecto de um indivíduo; mas ele não pode renunciar ao luxo da confiança no poder moral do todo. Em vez do conjunto completo de dogmas que talvez tenha aprendido sobre a autoridade de alguns indivíduos, ele leva para casa um acervo de conhecimento sobre o grande tema dos preconceitos humanos; mas ele não pode ter observado os efeitos vastos de uma comunidade de sentimento – ele não pode ter observado multidões pacíficas em ordem social, incitadas ao dever social e até mesmo impelidas ao autossacrifício filantrópico – sem estar convencido de que os homens foram feitos para viver em um vínculo de fraternidade. Ele não pode ter se sentado sob a sombra de uma árvore na aldeia, ou nos vinhedos ensolarados, ou ao redor das brasas da fogueira noturna para conversar, sem saber como o espírito se forma e se desdobra em espírito; e como, quando o solitário constitui uma família, suas afeições o unem a ela por um vínculo que o interesse egoísta jamais forjou. Ele não pode ter viajado de forma sábia e apropriada sem estar convencido de que o poder moral é a força que eleva o homem a ser mais do que o senhor da terra, logo abaixo dos anjos; e que as espécies superiores de poder moral, que tendem a prevalecer cada vez mais, revestem-no de uma espécie de divindade à qual os próprios anjos hão de se curvar.

Ninguém que tenha adentrado aquela diversidade de santuários, os lares das nações, e que tenha testemunhado as conquistas divinas de servos, sábios e mártires que existem onde quer que estejam os homens, duvidará disso.

PARTE III
MÉTODOS MECÂNICOS

*Nas viagens marítimas, onde não há
nada para ver além de céu e mar, os
homens escrevem diários; mas nas
viagens terrestres, onde há tanta coisa
para ser observada, eles o omitem.*
Bacon

*Segui vossa jornada quotidiana;
Alterar hábito é alterar tudo.*
Cimbeline[70]

---

70. *Cimbeline, rei da Britânia*, de William Shakespeare (Ed. Iluminuras, São Paulo, 2002, trad. José Roberto O'Shea) [N.T.].

Os viajantes não conseguem permanecer sempre alertas, não mais do que os outros homens. Eles têm seus momentos de cansaço e de ociosidade voluntariosa, assim como em casa; e não há segurança de que isso não aconteça em ocasiões inconvenientes – justamente quando há algum espetáculo típico a ser observado ou alguma informação muito desejada está à espera. Com um pouco de planejamento, o observador pode proteger-se contra alguns dos efeitos dos ataques de apatia. Caso ele prefira dormir na carruagem em vez de sair para ver uma cachoeira, só lhe resta sentir-se constrangido e animar-se a cumprir seu dever; mas, por precaução, ele pode evitar passar por coisas menos bonitas que cachoeiras e ver o que é menos necessário para manter sua reputação de viajante, mas que, no entanto, talvez, ele chegue a lamentar ainda mais ter perdido.

Para manter-se em dia com suas tarefas e estimular sua atenção enfraquecida, ele deveria munir-se, antes de partir, de um conjunto de perguntas, preparadas de modo a incluir todas as grandes classes de fatos relacionados com a condição de um povo e divididas e organizadas de forma que ele possa recorrer ao conjunto certo no momento adequado. – Essas perguntas não são elaboradas para serem mostradas a alguém que possa ter informações para fornecer. Elas sequer deveriam chamar sua atenção. O viajante que parece tomar notas no meio de uma conversa corre o risco de levar consigo informações imperfeitas e muito restritas em quantidade, em comparação com o que conseguiria caso deixasse ser esquecido o fato de ele ser um estrangeiro em busca de informações. Se ele permitir que a conversa flua naturalmente, sem controlá-la com a ação dos lápis e blocos, ele terá, mesmo que sua memória não seja das melhores, mais informações para registrar à noite do que se anotasse na hora, como uma prova, o que alguém possa ter lhe dito. Porém, uma olhada em sua lista de perguntas pela manhã pode sugerir questões que, de outra forma, ele não se lembraria de fazer; e elas o ajudarão, depois, a organizar o conhecimento que adquiriu. Ele pode ir complementando essas perguntas com frequência, à medida que avança e à medida que surgem novos assuntos, até que disponha de um catecismo sobre os fatos indicativos da moral e dos costumes; o que deve impedir que suas pesquisas sejam tão voluntariosas e suas informações tão vagas quanto seu humor e sua indolência por vezes as tornariam.

A natureza dessas perguntas deve, evidentemente, depender muito do local para onde o viajante pretende ir. Um conjunto adequado a uma nação não se aplicaria totalmente a nenhuma outra. O observador deverá, sabiamente, usar de sua habilidade máxima para formulá-las. Seus cuidados serão mais bem dispensados a isso do que até mesmo a seus arranjos de viagem, por mais importantes que eles sejam para seu conforto. Depois de ter feito o seu melhor na preparação de suas listas, ele ainda deve manter-se vigilante para expandi-las, sempre que for o caso.

Alguns viajantes combinam as funções da lista de perguntas e do diário, conduzindo e organizando o diário para a anotação de informações sigilosas. Contudo, isso parece desvalorizar a função de um diário, cujo objetivo deveria ser refletir a mente de um viajante e fornecer-lhe depois a imagem do que ele pensou e sentiu a cada dia. Essa é a sua função principal – uma função extremamente útil como todo viajante que manteve um diário, durante um ano de peregrinação por um país estrangeiro, sabe. Ao retornar, ele ri da crueza das informações e da infantilidade das impressões registradas nas primeiras páginas; e acompanha, com o mesmo espanto e interesse, a expansão gradual de seu conhecimento, a educação de suas percepções e o amadurecimento de seus julgamentos a respeito do que está diante dele, à medida que as semanas se sucedem e cada mês suaviza a experiência do anterior.

O objetivo secundário do diário é registrar os fatos; e a maneira como isso é feito não depende de uma norma rígida, mas da natureza da mente do viajante. Nenhum homem consegue anotar, todos os dias, tudo o que ele aprende em um dia de viagem. Ele deve considerar seriamente o que irá inserir e o que confiar à sua memória. O método mais simples parece ser registrar o que tem mais chances de lhe escapar e confiar à memória aquilo que as afeições e gostos do viajante não lhe permitirão esquecer. Aquele que gosta especialmente das relações íntimas domésticas registrará não as conversas ao pé da lareira, mas as opiniões de estadistas e a doutrina dos partidos acerca das grandes questões sociais. Aquele cujas predileções são religiosas escreverá menos sobre o culto público e o discurso religioso privado do que sobre datas, números e fatos referentes a assuntos de interesse secundário. Todos devem registrar histórias e provérbios ilustrativos do caráter. Eles são desconexos e escaparão a quase qualquer memória, caso não sejam registrados por escrito. Aqueles que não sabem desenhar também devem tomar notas do cenário. Poucos toques descritivos trarão de volta uma paisagem, com todo o seu interesse humano, após um lapso de anos – embora talvez não haja nenhuma memória no mundo que descreva o caráter distintivo de uma sucessão de cenas sem a ajuda de outros recursos. Ao retornar, o viajante fica constrangido ao ver a extensão do registro de seus sentimentos pessoais. Suas mudanças de humor, seus sofrimentos por causa do calor ou do frio, da fome ou do cansaço, são as coisas mais interessantes para ele naquele momento; elas vão para o papel, no lugar de coisas que valem muito mais a pena registrar, e ele se envergonha muito disso depois. Seu melhor método será registrar o mínimo possível a respeito de si mesmo; e, sobre as outras coisas, anotar mais aquilo que ele sabe que se esquecerá e menos o que dificilmente sairá de sua memória.

De um modo geral, ele preferirá adiar o trabalho de generalização até voltar para casa. Pelo menos nas fases iniciais da sua viagem, ele deve se limitar ao registro de fatos e impressões; ou, se a sua mente tiver uma tendência incontrolável à teorização, ele deverá ser muito cauteloso e formular as suas inferências de forma conjectural. Isso é fácil de fazer; e pode significar uma diferença enorme no compromisso do observador com a verdade, e sua obtenção, o fato de ele preservar os seus pensamentos filosóficos na forma de dogmas ou de perguntas.

Embora seja comum pensar que o diário deva ser escrito à noite, há muitos que não concordam com isso. Para alguns, a memória falha quando o corpo está cansado e, pela manhã, eles se encontram com a mente mais clara sobre muitas coisas que eram lembradas apenas de maneira imperfeita antes do sono revigorante. O início da manhã é, provavelmente, o melhor horário para a maioria; mas pode-se dizer, com segurança, que o diário deve ser escrito no momento que a tarefa seja mais agradável. Quer a regularidade seja uma tarefa agradável ou não (e, para os viajantes mais meticulosos, ela é a mais prazerosa), os registros devem ser feitos diariamente, se possível. A perda causada pelo atraso é evidente para qualquer um que o tenha praticado. Os registros mais curtos são sempre aqueles que foram adiados. O atraso de um único dia reduz o conteúdo incrivelmente. Em meio ao cansaço e à falta de vontade de pegar a caneta, o viajante pode reconfortar-se lembrando que colherá a recompensa da diligência com satisfação quando chegar em casa. Ele pode ter a certeza de que nenhuma linha que ele escreva será mais valiosa do que aquelas nas quais ele guarda seus tesouros de viagem. Caso ele se esquive da tarefa, terá sentimentos ruins em relação à sua viagem sempre que se lembrar dela – sentimentos de remorso por sua indolência e de arrependimento pela perda irrecuperável. Se, por outro lado, ele persevera em seu dever diário, avançará todas as manhãs com a mente aliviada e descobrirá, no futuro, que adora as próprias rasuras e as manchas do tempo nas páginas que carregam tantas lembranças de seus esforços positivos e prazeres profícuos.

Além do diário, o viajante deve ter um caderno sempre à mão – não para manuseá-lo diante das pessoas e fazer o registro dos fatos relatados, mas para fixar as aparências transitórias que, embora revelem muito para uma mente observadora, não podem ser lembradas com total precisão. Em todos os países do mundo os grupos à beira da estrada oferecem as imagens mais eloquentes. O viajante que se deixa passar por eles, sem observá-los ou sem fazer qualquer registro, perde mais do que qualquer recurso de investigação, em sua pousada, pode reparar. Se ele souber desenhar, raramente deveria permitir que um grupo característico de pessoas, ou um recanto do cenário, escape de seu lápis. Caso contrário, algumas palavras escritas bastarão. Duas linhas podem preservar para ele uma exemplificação que pode ter grande valor no futuro. – As esposas dos fazendeiros da Nova Inglaterra, conversando através da cerca ao pôr do sol, são, em si mesmas, uma ilustração de muitas coisas; assim como o indígena circunspeto vestindo seu poncho, de pé sobre um monte na pradaria; o caçador de camurças em seu pináculo, o estudante que caminha pelos vales do Hartz, os lenhadores de pinheiros nas encostas da Noruega, o mercador viajante no dique na Holanda, os trabalhadores das vinícolas na Alsácia, os mendigos nas ruas das cidades espanholas e todas as crianças de todos os países brincando. O viajante não passa despercebido pela cruz em uma região selvagem, sob a qual jaz assassinado algum irmão peregrino; ou o grupo de bandoleiros vistos à sombra da floresta; ou uma companhia de Irmãs de Caridade praticando seus atos de beneficência; ou uma dupla de inquisidores ocupados nas tarefas do Santo Ofício; ou qualquer outra coisa que apele fortemente à sua imaginação ou aos seus sentimentos pessoais. Essas imagens, gravadas em sua memória, ele pode deixar para anotar em seu diário, com segurança, pela noite ou de manhã: mas grupos e cenários que são igualmente interessantes, porque revelam os pensamentos e os hábitos dos homens (quanto mais familiares, mais fidedignos), deveriam ser observados com a mesma seriedade; e, para que possam ser igualmente preservados, devem ser registrados de imediato. Se um estrangeiro abre seus olhos depois de uma soneca em uma viagem por uma estrada irlandesa não seria sensato anotar imediatamente o que ele vê e que não veria em outro lugar? Ele percebe que as faixas verdes que se ramificam da estrada são mais cheias de folhagem e menos definidas em suas curvas do que quaisquer outras faixas verdes que ele tenha visto perto das estradas principais. A estrada em si é *sui generis*, com sua margem de grama alta, com tufos de arbustos esparsos e suas paredes de pedra áspera, ornadas de ervas daninhas e enfeitadas com flores silvestres. Um mendigo miserável está sentado no alto, cantando a Doxologia ao som de Paudeen O'Rafferty[71] e acompanhando o ritmo com seus calcanhares; e, a alguma distância, um velho agachado na grama, jogando cartas – a mão direita contra a esquerda – insultando o vencedor e consolando ternamente o perdedor. Nesse momento, o estrangeiro passa por uma cabana sem telhado, onde ele vê um grupo de meninos e meninas lançando torrões de turfa em troca de um punhado de comida, ou uma mulher pedinte e seus filhos descansando à sombra das paredes para comer suas batatas frias. Essas cenas não poderiam ser vistas em nenhum outro lugar, senão na Irlanda; mas não há país no mundo onde grupos e imagens tão característicos não se apresentem ao olho observador e em uma sucessão tão rápida que podem ser confundidas e esquecidas, caso elas não sejam preservadas, naquele instante, por traços sucintos de lápis ou caneta. O caderno deve ser o repositório disso.

Os métodos mecânicos são apenas tão bons quanto o poder que os utiliza; visto que as habilidades intelectuais do viajante pouco lhe valem, e podem até trazê-lo de volta menos sábio do que quando partiu – um errante da verdade, bem como de casa –, a menos que ele veja por uma luz que vem de seu coração e que brilha através dos olhos de sua mente. Ele pode ver, ouvir, registrar, inferir e concluir o quanto quiser e ainda não conseguirá compreender se seu coração for indolente – se ele não tiver empatia. A empatia,

---

71. Canção popular irlandesa, cujos registros – em diferentes grafias – remontam ao final do século XVIII [N.T.].

por si só, tem grande valor: com os recursos intelectuais e mecânicos adequados ela fará do viajante um homem sábio. Sua jornada pode durar apenas um ano, ou mesmo um mês; mas se, por sua própria empatia, ele compreender e trouxer consigo a vida de uma nova porção de sua raça, adquirirá uma sabedoria que o engrandecerá para sempre.

FIM

Conecte-se conosco:

 facebook.com/editoravozes

 @editoravozes

 @editora_vozes

 youtube.com/editoravozes

 +55 24 2233-9033

www.vozes.com.br

Conheça nossas lojas:

www.livrariavozes.com.br

Belo Horizonte – Brasília – Campinas – Cuiabá – Curitiba
Fortaleza – Juiz de Fora – Petrópolis – Recife – São Paulo

  Vozes de Bolso

EDITORA VOZES LTDA.
Rua Frei Luís, 100 – Centro – Cep 25689-900 – Petrópolis, RJ
Tel.: (24) 2233-9000 – E-mail: vendas@vozes.com.br